lonely planet

LONDRES

EN QUELQUES JOURS

STEVE FALLON, DAMIAN HARPER,
LAUREN KEITH, MASOVAIDA MORGAN,
TASMIN WABY

Cathédrale Saint-Paul (p. 108)
TOLGA_TEZCAN/GETTY IMAGES ©

Sommaire

Préparer son séjour 4

Explorer Londres 41

Vaut le détour

Carnet pratique 203

COVID-19

Nous avons pris soin de vérifier que tous les établissements (musées, cafés, restaurants, etc.) référencés dans ce guide étaient toujours ouverts après l'épidémie de Covid-19. Toutefois, l'impact économique et social de cette crise sanitaire continuera certainement de se faire sentir encore longtemps. Par conséquent, il se peut que certains lieux soient temporairement fermés, aient modifié leurs horaires d'ouverture ou, malheureusement, aient définitivement tiré le rideau. Nous vous conseillons donc de contrôler par vous-mêmes les dernières informations avant de vous rendre à une adresse.

Bienvenue à Londres !

Entre ses musées majestueux, son architecture éblouissante, sa famille royale qu'on ne présente plus, sa diversité, ses parcs et son indéniable panache, chacun peut trouver son bonheur à Londres. Cette capitale chargée d'histoire est aussi à la pointe dans les domaines de la culture et de la création. Et si son dynamisme cosmopolite lui confère une dimension véritablement internationale, Londres reste une ville intrinsèquement britannique.

Tower Bridge (p. 120)
EASYTURN/GETTY IMAGES ©

Les incontournables

British Museum

On pourrait passer une vie entière dans ce musée sans réussir à en faire le tour tant sa collection d'objets, de peintures et d'antiquités est immense. **p. 88**

Cathédrale Saint-Paul

Son dôme spectaculaire est un symbole de résistance et de fierté qui perdure depuis trois siècles.
p. 108

Tate Modern

Une puissante expression de modernité et de renouvellement architectural.
p. 128

Natural History Museum

Une collection mondialement célèbre dans un magistral bâtiment néo-roman. **p. 150**

Tour de Londres

Cette forteresse de pierre abrite les joyaux de la Couronne. **p. 112**

Abbaye de Westminster

Le lieu sacré de couronnement des souverains anglais. **p. 44**

Houses of Parliament

L'image la plus emblématique de Londres avec Big Ben. **p. 50**

National Gallery

L'une des plus belles collections d'art au monde. **p. 66**

Victoria & Albert Museum

La plus grande collection d'arts décoratifs au monde. **p. 146**

Hampton Court Palace

Le palais Tudor le plus majestueux d'Angleterre. **p. 198**

Palais de Buckingham

Le magnifique "pied-à-terre" londonien de la monarchie. **p. 48**

Observatoire royal et Greenwich Park

Histoire, sciences et vue superbe. **p. 192**

Se restaurer

Londres, jadis moquée pour la médiocrité de sa cuisine, s'est hissée en vingt ans au rang des destinations culinaires de premier plan. Pour autant, faites le tri, car il existe encore bon nombre d'adresses à éviter. L'atout de la capitale réside avant tout dans la diversité de l'offre, des stands de marché aux restaurants étoilés.

Cuisine du monde

Si, pour des raisons historiques, l'Inde est très présente, la cuisine asiatique en général est populaire. On trouve des dizaines de restaurants chinois, vietnamiens, thaïlandais, japonais et coréens, ainsi que des établissements fusion élaborés mêlant les saveurs de diverses régions d'Asie.

La cuisine moyen-orientale est aussi présente. De nombreux et excellents établissements modernes représentent les cuisines européennes. Les restaurants ethniques sont généralement implantés là où vit la communauté d'origine.

Gastronomie britannique

Devenue gastronomie à part entière, la cuisine britannique moderne met en avant les ingrédients traditionnels tels que légumes tubercules, poisson fumé, fruits de mer, gibier, agneau de pré-salé, saucisse, abats, boudin noir, os à moelle et bas morceaux de viande.

Gastropubs

Si l'on allait autrefois au pub pour boire un verre, éventuellement accompagné d'un paquet de chips, l'avènement du *gastropub* dans les années 1990 a changé la donne. Aujourd'hui, presque tous les pubs proposent des repas complets de qualité variable, de l'assiette passée au micro-ondes aux options végétaliennes et aux plats de haute volée, accompagnés d'une excellente carte des vins.

BHARAT RAWAIL/SHUTTERSTOCK ©

Britannique

St John Il a inspiré le renouveau de la cuisine britannique. (p. 188)

Dinner by Heston Blumenthal Bel hommage à la cuisine britannique. (p. 161)

Launceston Place Cuisine, présentation et service magnifiques. (p. 162)

Hook Camden Town Incontournable *fish and chips*. (p. 176)

Européen

Padella Pâtes maison savoureuses et bon marché dans Borough Market. (p. 137)

Skylon Vue imprenable sur la Tamise et excellente carte internationale. (p. 138)

The Delaunay Un cadre grandiose évoquant la Mitteleuropa. (p. 78)

Chiltern Firehouse Une table fusion haut de gamme très en vue. (p. 98)

Asiatique

Gymkhana Cadre splendide inspiré des clubs de l'Inde coloniale et excellente cuisine. (p. 58)

Smoking Goat Cuisine thaïe d'exception et décor industriel. (p. 188)

A Wong Les saveurs cantonaises revisitées avec maestria. (p. 162)

Miyama Un formidable restaurant japonais à la carte étendue. (p. 122)

Kanada-Ya De délicieux ramen au *tonkotsu* qui justifient la file d'attente. (p. 78)

Réservations et réductions

- De nombreux restaurants haut de gamme proposent des formules déjeuner au rapport qualité/prix intéressant. Il arrive aussi que les plats à la carte soient moins chers à midi que le soir.
- Le service de réservation en ligne Open Table (www.opentable.co.uk) propose des réductions dans certains restaurants.

Londres dans une assiette

Pie and mash

★ Où goûter le *pie and mash*

Battersea Pie Station
(020-7240 9566 ; www.batterseapie.co.uk ; rdc inférieur, 28 The Market, Covent Garden, WC2 ; plats 7-10 £ ; 11h-19h30 lun-ven, 10h-20h sam, 11h-19h dim ; U Covent Garden)

Goddards at Greenwich
(020-8305 9612 ; www.goddardsatgreenwich.co.uk ; 22 King William Walk, SE10 ; *pie and mash* 4,40-8,50 £ ; 10h-19h30h dim-jeu, 10h-20h ven-sam ; U Cutty Sark)

Cockney's Pie and Mash
(020-8960 9409 ; www.facebook.com/cockneyspiemashW10 ; 314 Portobello Rd, W10 ; *pie and mash* 3,50 £ ; 11.30h-17h mar-sam ; U Ladbroke Grove, Westbourne Park)

Le *pie and mash* à Londres

De la seconde moitié du XIXe siècle jusqu'à l'après-guerre, nombre de Londoniens déjeunaient d'une tourte à l'anguille épicée (autrefois la Tamise en regorgeait) accompagnée de purée de pommes de terre et de sauce. Aujourd'hui, la farce est constituée de bœuf haché (la viande au curry est bonne aussi). Rarement chics, les établissements de *pie and mash* invitent cependant à une sorte de voyage dans le temps.

Goddards at Greenwich

Prendre un verre et faire la fête

Un simple coup d'œil aux gravures de William Hogarth (Beer Street et Gin Lane) vantant, au XVIIIe siècle, la boisson suffit pour comprendre qu'une riche histoire lie les Londoniens et la consommation d'alcool. La métropole offre un large choix d'établissements où prendre un verre, des pubs de quartier cosy aux fastueux clubs nocturnes et bars d'hôtels cinq-étoiles.

Pubs

Le pub occupe une place privilégiée dans la vie sociale londonienne. On s'y retrouve autour d'un verre… de bière le plus souvent. Certains pubs servent des bières artisanales ou parfumées aux fruits, des cidres bio et autres breuvages plus rares, tandis que les *gastropubs*, notamment, affichent une solide carte de vins. Quelques établissements possèdent de ravissants jardins, pris d'assaut l'été. D'autres sont chargés d'histoire. La plupart des pubs accueillent leurs clients de 11h à 23h du lundi au samedi, et ferment à 22h30 le dimanche.

Bars et clubs

Fermant plus tard que les pubs mais plus tôt que les clubs, les bars ne sont pas tenus de baisser le rideau à 23h. Des DJ peuvent y officier, certains ont une piste de danse (entrée payante après 23h). Le décor y est plus moderne et les boissons plus sophistiquées que dans les pubs. Les clubbeurs ont l'embarras du choix, avec des lieux cultes comme la Fabric. Soignez votre tenue (pas de jeans ni de baskets) dans les boîtes chics. Renseignez-vous partout sur le code vestimentaire, sachant que l'ambiance est plus décontractée dans l'est de la ville. Le renouveau des bars à cocktails se traduit par de nombreuses adresses stylées qui rivalisent de créativité.

Pubs

Lock Tavern Terrasse sur le toit et musique live à Camden. (p. 177)

PHAUSTOV/SHUTTERSTOCK ©

The Lamb Lambris et cachet d'antan. (p. 102)

Windsor Castle En haut de Campden Hill Rd, avec un superbe *beer garden*. (p. 164)

Pubs historiques

George Inn Pub classé datant de 1677. (p. 141)

Lamb & Flag Établissement ancien au cadre évocateur. (p. 80)

Princess Louise Charme et panache victorien. (p. 102)

Bars

Dukes London Un classique au cœur de Londres, réputé pour ses martinis. (p. 60)

American Bar Du pur style Art déco. (p. 80)

Searcys at the Gherkin Cocktails et vue panoramique. (p. 124)

Seabird Le toit-terrasse de South Bank à la vue imprenable. (p. 140)

Gordon's Wine Bar Doyen des bars à vins, dans une cave près du Strand. (p. 81)

Clubs

Fabric Le club le plus célèbre de Londres. (p. 190)

Heaven Une boîte gay incontournable. (p. 81)

Vaut le détour

Installé depuis 1748 sur le site d'un ancien monastère au ras de la Tamise, le **White Cross** (photo ; ☎020-8940 6844 ; www.thewhitecrossrichmond.com ; Water Lane, TW9 ; ⌚11h-23h lun-ven, 10h-22h30 sam-dim ; 📶; Ⓤ Richmond) doit son succès à son emplacement hors norme et sa cuisine de qualité. Les clients empruntent une entrée différente à marée basse et à marée haute, et le pub fournit des bottes en caoutchouc si nécessaire.

Londres dans un verre

Pimm's and Lemonade

★ Trois lieux où déguster un Pimm's

Garden Gate (p. 177)

Spaniard's Inn (p. 181)

Windsor Castle (p. 164)

Pimm's and Lemonade à Londres

Ce cocktail fruité est la boisson britannique estivale par excellence : un après-midi ensoleillé dans un *beer garden* ne serait pas parfait sans un verre (ou une carafe) de Pimm's. Il est servi avec de la limonade, de la menthe et des fruits frais. La plupart des pubs et des bars le proposent à la belle saison.

Windsor Castle (p. 164)

Shopping

WILLY BARTON/SHUTTERSTOCK ©

Les occasions de dépenser son argent sont nombreuses à Londres. Entre les lieux incontournables, comme Harrods, Hamleys, le marché de Camden ou l'Old Spitalfields Market, et une kyrielle d'autres enseignes, votre carte bancaire ne chômera pas.

Magasins de chaîne

Beaucoup déplorent le fait que les chaînes aient investi les centres commerciaux, mettant en difficulté les commerces indépendants. Mais puisque ces enseignes sont bon marché, branchées et bien situées, les Londoniens en redemandent. Outre les marques telles que Gap, H&M, Urban Outfitters et Zara, vous trouverez de nombreuses chaînes locales, dont la luxueuse marque de prêt-à-porter féminin Karen Millen (www.karenmillen.com) et le géant mondial Topshop (www.topshop.co.uk).

Horaires

Les commerces londoniens ouvrent généralement de 9h ou 10h à 18h ou 19h, du lundi au samedi. La majorité des magasins du West End (Oxford St, Soho et Covent Garden) et de Chelsea, Knightsbridge, Kensington, Greenwich et Hampstead sont aussi ouverts le dimanche de 12h à 18h, voire de 10h à 16h, ainsi que le jeudi soir (jusqu'à z21h) dans le West End et le mercredi soir à Chelsea, Knightsbridge et Kensington. Bien souvent, les magasins ouvrent aussi lorsqu'un marché s'installe à proximité.

Grands magasins

Harrods Chic et un brin tape-à-l'œil, mais toujours aussi irrésistible. (p. 165)

Liberty Choix de styles contemporains dans un cadre vieillot ravissant. (p. 83)

CHRISPICTURES/SHUTTERSTOCK ©

Fortnum & Mason La doyenne des épiceries fines de Londres et la plus sélecte (ci-dessus ; p. 61)

Quartiers

West End Concentration de grands noms pour portefeuilles bien garnis.

Knightsbridge Harrods et d'autres enseignes drainent les acheteurs compulsifs du tout-Londres.

Librairies

John Sandoe Books Personnel très compétent et stock hors pair. (p. 165)

Hatchards La plus vieille librairie de Londres (1797) – choix remarquable et nombreux événements. (p. 61)

Lutyens & Rubinstein Propriété d'une agence littéraire, d'où une sélection pointue. (p. 167)

Foyles Au bonheur des bibliophiles. (p. 83)

Libreria Une caverne d'Ali Baba de la culture. (p. 190)

Cadeaux

Penhaligon's Superbe choix d'eaux de toilette et parfums d'intérieur, tous *made in England*. (p. 61)

Aida Marques indépendantes, pièces uniques et café en prime. (p. 190)

Suck UK Des objets originaux, loufoques et amusants. (p. 143)

Détaxe

Depuis le 1er janvier 2021, pour ne pas avoir à étendre le remboursement de la TVA (Tax Free Shopping) aux ressortissants de l'Union européenne, le Royaume-Uni l'a supprimé pour tous les visiteurs internationaux.

Souvenirs de Londres

INK DROP/SHUTTERSTOCK ©

Jouets londoniens

Bus à impériale, ours Paddington, gardes avec bonnet à poil : Hamleys (p. 84) est l'endroit rêvé pour faire le plein de jouets emblématiques.

Musique

Londres est la ville idéale pour acheter des disques. Les boutiques de vieux vinyles abondent à Notting Hill. Pour les collectors, direction Sounds of the Universe (p. 85).

LEON NEAL/AFP VIA GETTY IMAGES ©

Thé

La boisson britannique par excellence, avec un grand choix de noms emblématiques. Fortnum & Mason (photo, p. 61) et Harrods (p. 161) le conditionnent dans de bien belles boîtes.

Mode vintage

Vos trouvailles londoniennes de vêtements et chaussures resteront associées à votre séjour. Commencez votre quête à l'Old Spitalfields Market (photo, p. 191) ou au Sunday UpMarket (p. 185) dans l'East End.

Livres de collection

Londres est un paradis pour bibliophiles, avec ses nombreuses librairies chargées d'histoire, débordant de premières éditions convoitées et de rares exemplaires signés. Essayez Hatchards (photo, p. 61) ou John Sandoe Books (p. 165).

Sortir

Qu'importe ce qui vous anime ou vous donne envie de bouger : vous le trouverez à Londres. La ville est une figure de proue mondiale du théâtre depuis l'arrivée d'un jeune homme de Stratford-upon-Avon au XVIe siècle. Et si Londres s'est mis à swinguer dans les années 1960, sa scène live rock et pop ne s'est pas calmée depuis.

Théâtre

Une soirée au théâtre est aussi incontournable qu'un trajet à bord d'un bus à impériale. Theatreland dans l'éclatant West End – d'Aldwych à l'est, jusqu'à Regent St à l'ouest, en passant par Shaftesbury Ave – abrite de nombreux théâtres ; seul Broadway, à New York, peut rivaliser.

Musique classique

Avec de multiples orchestres et ensembles de classe internationale, des salles de qualité, des tarifs raisonnables et des performances couvrant tout l'éventail musical, des succès traditionnels aux compositions innovantes, Londres satisfera les amateurs de musique classique les plus exigeants.

Rythmes londoniens

Londres a toujours produit un son avant-gardiste et inventif. Rock, blues, jazz, folk – la musique live est à l'honneur tous les soirs de la semaine dans des clubs, des pubs ou des salles de concerts.

Théâtre

Shakespeare's Globe Cadre authentiquement élisabéthain à ciel ouvert. (photo, p. 141)

National Theatre Trois salles dédiées au théâtre d'avant-garde. (p. 142)

Donmar Warehouse Un lieu intimiste à l'esprit novateur et à la programmation variée. (p. 82)

Musique classique et opéra

Royal Albert Hall Au sud des Kensington Gardens, cet impressionnant édifice victorien en brique rouge renferme une magnifique salle de concerts. (p. 164)

Royal Opera House Pour les amateurs de ballet et d'opéra. (p. 82)

COWARDLION/SHUTTERSTOCK ©

Jazz

Ronnie Scott's Club légendaire de Frith St, dans le West End. (p. 82)

606 Club Un club en sous-sol de Chelsea, établi de longue date. (p. 165)

Jazz Cafe Musiques actuelles en tout genre. (p. 178)

Rock et pop live

Royal Albert Hall Une salle intimiste malgré sa taille et son aspect grandiose. (p. 164)

Danse

Royal Opera House Une compagnie de danse de renommée mondiale. (p. 82)

Southbank Centre De Bollywood à la breakdance. (p. 135)

The Place Le berceau de la danse moderne anglaise. (p. 104)

Musique d'église

Abbaye de Westminster Vêpres et plus beaux concerts d'orgues de la ville. (p. 44)

Cathédrale Saint-Paul Vêpres des plus évocatrices. (p. 108)

St Martin-in-the-Fields Excellents concerts de musique classique, souvent aux chandelles. (p. 77)

Billets à prix réduit

Le National Theatre, le Barbican, le Royal Court Theatre et le Royal Opera House proposent généralement le jour du spectacle des places invendues pour un tarif inférieur. Le Shakespeare's Globe met quotidiennement en vente des billets à 5 £. La plupart des cinémas grand public ou d'art et d'essai pratiquent des réductions le lundi (ou mardi) toute la journée.

Musées

GRAN TURISMO/SHUTTERSTOCK ©

Les musées sont l'attraction numéro un de Londres, et pas seulement les jours de pluie. Certains abritent en effet des collections exceptionnelles sans équivalent dans le monde.

Pratique

L'accès aux collections permanentes des musées nationaux (British Museum, National Gallery, Victoria & Albert Museum) est gratuit. Les collections privées sont accessibles gratuitement ou sur don, tandis que les institutions plus modestes réclament de 5 à 8 £. Des réductions sont parfois consenties sur les billets achetés en ligne. Les collections nationales ouvrent généralement de 10h à environ 18h, avec une ou deux nocturnes par semaine.

Musées spécialisés

Éventails, transports londoniens, histoire de la chirurgie ou des marques... Les musées londoniens ravissent les passionnés, quels que soient leurs centres d'intérêt – même les plus obscurs – et captent aussi l'intérêt des béotiens.

Visite de nuit

Le soir, après le départ de la foule, les musées dévoilent un autre visage. Ouverts tard une ou deux fois par semaine, plusieurs d'entre eux organisent aussi des soirées spéciales, y compris pour les enfants, accueillant des manifestations ou présentant leurs collections sous un angle inédit. Consultez le programme sur leurs sites Internet.

Collections gratuites

British Museum Collection exceptionnelle d'objets rares et anciens. (p. 88)

Victoria & Albert Museum Arts décoratifs et design dans un cadre somptueux. (photo en haut à droite, p. 146)

COWARDLION/SHUTTERSTOCK ©

National Gallery Surtout consacré aux chefs-d'œuvre prémodernes. (p. 66)

Tate Modern Édifice spectaculaire et splendide, collection moderne et contemporaine. (p. 128)

Natural History Museum Le musée familial par excellence, très victorien. (photo en haut à gauche, p. 150)

Architecture

Victoria & Albert Museum Arts décoratifs et design dans un somptueux écrin. (ci-dessus, p. 146)

Natural History Museum Tout droit sorti d'un conte médiéval. (p. 150)

Petits musées

Old Operating Theatre Museum & Herb Garret Illustration édifiante des techniques de chirurgie d'autrefois. (p. 136)

Museum of Brands Les marques à travers les âges. (p. 167)

Maisons-musées

Sir John Soane's Museum Œuvres d'art et curiosités du XVIIIe siècle. (p. 74)

Dennis Severs' House La demeure d'un tisserand de soie huguenot comme si elle était encore habitée. (p. 187)

Vaut le détour

Le **Horniman Museum** (020-8699 1872 ; www.horniman.ac.uk ; 100 London Rd, SE23 ; entrée libre ; 10h-17h30 ; ; Forest Hill) renferme la collection hétéroclite réunie par le riche marchand de thé Frederick John Horniman : une foule d'instruments de musique, d'objets anthropologiques, de spécimens d'histoire naturelle et un bel aquarium.

Architecture

Partout dans Londres, la variété des styles architecturaux trahit la longue histoire de la ville. Beaucoup d'édifices sont reconnaissables entre mille, qu'il s'agisse de monuments séculaires ou des nouveaux gratte-ciel audacieux signés par les plus grands architectes.

Style londonien

Contrairement à d'autres villes, Londres n'a pas connu de plan d'urbanisme rigoureux et s'est développée de manière plus ou moins hasardeuse. Par conséquent, elle recèle des vestiges architecturaux, souvent dissimulés : un tronçon de mur romain enchâssé dans le hall d'un bâtiment moderne, près de la cathédrale Saint-Paul, ou un relais de poste de la Restauration dans une cour proche de Borough High St.

Icônes modernes

Cheese Grater Le Leadenhall Building (225 m) fait face au bâtiment de la Lloyd's of London, autre réalisation emblématique de Richard Rogers.

The Gherkin Surnommé "le Cornichon", le gratte-ciel 30 St Mary Axe (180 m) semble surgir à chaque coin de rue.

The Shard L'"Éclat de verre" de 87 étages conçue par l'architecte italien Renzo Piano. (p. 136)

Walkie-Talkie Une tour de 160 m à la forme évocatrice, surmontée du Sky Garden panoramique. (p. 118)

The Scalpel Une nouvelle construction aux arêtes aiguës et reflets métalliques.

Édifices royaux

Palais de Buckingham La résidence de la reine dans le centre de Londres. (p. 48)

Houses of Parliament Extraordinaire monument victorien et siège de la démocratie parlementaire britannique. (p. 50)

Queen's House Superbe création d'Inigo Jones, dans le cadre charmant de Greenwich. (p. 197)

Hampton Court Palace Chassez les fantômes dans le célèbre dédale de couloirs Tudor. (p. 198)

Painted Hall Le réfectoire orné de peintures baroques de l'Old Royal Naval College. (p. 197)

MICHELE PRISCO/500PX ©

Architecture ancienne

Abbaye de Westminster
Monument phare de l'histoire architecturale londonienne. (p. 44)

Houses of Parliament
Westminster Hall possède l'une des plus belles charpentes gothiques du monde. (p. 50)

Tour de Londres
Célébrissime bastion, riche en légendes, mythes et crimes sanglants. (p. 112)

Hampton Court Palace
Le plus impressionnant des palais Tudor, avec un labyrinthe végétal du XVIIe siècle. (p. 198)

Monuments

Monument to the Great Fire of London Vue panoramique au sommet (p. 119)

Albert Memorial Hommage néogothique à l'époux de la reine Victoria. (p. 158)

Wellington Arch Arc de triomphe supportant la plus grande sculpture en bronze d'Europe. (p. 161)

Portes ouvertes exceptionnelles

Durant un week-end fin septembre, des centaines de bâtiments ordinairement fermés au public ouvrent leurs portes à l'occasion de l'**Open House London** (020-7383 2131 ; openhouselondon.open-city.org.uk ; sept). Les édifices publics ne sont pas en reste, avec de nombreuses conférences et visites. Cette association d'architecture parraine des conférences avec visites dans divers quartiers de Londres, menées par l'organisation **Open City** (020-3006 7008 ; open-city.org.uk ; visites 2h30-3h à partir de 25,50 £).

Avec des enfants

SIMA LEITNER/SHUTTERSTOCK ©

Londres est une excellente destination pour les enfants. Les musées de la ville passionneront les petits, tandis que les pièces, spectacles de danse et concerts raviront les plus grands. Aires de jeux, parcs, fermes urbaines et réserves naturelles sont parfaits pour se dépenser ou se détendre.

Musées

Les musées londoniens sont très ouverts à la jeunesse. Presque tous proposent des circuits conçus pour les enfants ou les familles. Vous trouverez quantité de petits plus : contes à la National Gallery, sacs à dos thématiques pour explorer le British Museum, spectacles au Victoria & Albert Museum, audioguides pour toute la famille à la Tate Modern, ou encore ateliers artistiques à la Somerset House, où les enfants peuvent danser parmi les fontaines dans la cour en été. Le Science Museum possède un superbe espace interactif au sous-sol, le Garden.

Restauration

Quantité de cafés et de restaurants, équipés de tables à langer et de chaises hautes, accueillent volontiers les enfants. Choisissez bien votre établissement : avec les tout-petits, évitez les plus huppés et les plus calmes. Notez que les *gastropubs* sont souvent très ouverts au jeune public, mais que les pubs proposant uniquement à boire peuvent refuser les moins de 16 ans. En l'absence de menu enfant, la plupart des établissements se feront un plaisir de vous proposer une portion réduite sur demande.

Sites et attractions

ZSL London Zoo Près de 750 espèces animales et l'excellente Penguin Beach. (photo ci-dessus, p. 175)

Madame Tussauds Le paradis des selfies, aux côtés de Dark Vador, de One Direction ou de la reine. (p. 175)

MAZIARZ/SHUTTERSTOCK ©

Relève de la garde Bonnets à poil, uniformes et ordres militaires : vos enfants resteront bouche bée. (ci-dessus, p. 58)

London Eye Un must pour les enfants et les adolescents. (p. 135)

Hamleys Le plus vieux magasin de jouets du monde, sur six niveaux. (p. 84)

British Museum Les momies vous attendent dans le musée phare de la ville. (p. 88)

Natural History Museum Admirez le squelette de baleine bleue suspendu et le tyrannosaure animatronique. (p. 150)

Horniman Museum Aquarium amusant et nombreuses présentations interactives. (p. 25)

Le top pour les tout-petits

Kensington Gardens Une aire de jeux fabuleuse, une fontaine pour s'éclabousser et des hectares de verdure. (p. 160)

St James's Park Canards, écureuils et pélicans. (p. 57)

Musées

Science Museum Des distractions pédagogiques pour les petits geeks, et une salle de jeux pour les tout-petits au sous-sol. (p. 156)

Imperial War Museum Expositions passionnantes, avions de guerre et collection militaire. (p. 134)

À savoir

- Tous les transports publics, sauf le National Rail, sont gratuits pour les moins de 11 ans.
- En hiver (nov-jan), des patinoires prennent place au Natural History Museum, à la Somerset House, à la Tour de Londres et à Hampton Court Palace.

Circuits organisés

STEFAN-KADAR/SHUTTERSTOCK ©

Croisières

Thames River Sightseeing (020-7930 4097 ; www.thamesriversightseeing.com ; adulte/enfant aller 13,25/8,50 £, aller-retour 17,50/11,25 £). Ces bateaux desservent Greenwich depuis le Westminster Pier, via la Tour de Londres.

Thames Rockets (020-7928 8933 ; www.thamesrockets.com ; Boarding Gate 1, London Eye Millennium Pier, SE1 ; adulte/enfant à partir de 44,95/29,95 £ ; 10h-18h ; ; U Waterloo, Westminster). Traversez Londres à grande vitesse sur un hors-bord, à la James Bond.

Thames River Boats (020-7930 2062 ; www.thamesriverboat.co.uk ; Westminster Pier, Victoria Embankment, SW1 ; Kew adulte/enfant aller 15/7,50 £, aller-retour 22/11 £, Hampton Court aller 19/9,50 £, aller-retour 27/13,50 £ ; 10h-16h avr-oct ; U Westminster). De Westminster Pier aux Royal Botanic Gardens, à Kew (1 heure 30), et/ou Hampton Court Palace (1 heure 30), avec possibilité de débarquer à Richmond, si la marée le permet.

Circuits en bus

Big Bus Tours (020-7808 6753 ; www.bigbustours.com ; circuit adulte/enfant/famille 39/29/107 £ ; toutes les 20 min 8h30-18h avr-sept, 8h30-17h oct et mars, 8h30-16h30 nov-fév). Commentaires en douze langues. Le billet comprend également une balade en bateau et trois promenades thématiques à pied.

Original Tour (www.theoriginaltour.com ; circuit adulte/enfant/famille 34/16/84 £ ; 8h30-20h30 ;). Montez et descendez à souhait au fil de ce circuit en bus à impériale, valable 24 heures. Un bus toutes les 5 à 15 minutes.

Balades à pied

Guide London (association des guides touristiques professionnels ; 020-7611 2545 ; www.guidelondon.org.uk ; demi-journée/journée 176/288 £). Guides prestigieux et connaisseurs, certifiés Blue Badge.

London Walks (020-7624 3978 ; www.walks.com ; adulte/enfant 10 £/gratuit). Large choix de balades thématiques : fantômes, Beatles, Harry Potter et Sherlock Holmes.

Unseen Tours (07514 266774 ; www.unseentours.org.uk ; circuits 15 £). Visites de Londres – Covent Garden, Soho, Brick Lane, Shoreditch et le London Bridge – conduites par d'anciens SDF.

Strawberry Tours (020-7859 4996 ; www.strawberrytours.com/london). Prix libres.

Fêtes et festivals

Londres vibre sans cesse : un chapelet de fêtes traditionnelles ou modernes célébrées dans l'enthousiasme rythme l'année. Entre le plus grand carnaval d'Europe, le déploiement de fleurs à l'occasion du Chelsea Flower Show et la parade militaire en grande pompe du Trooping the Colour, il y en a pour tous les goûts.

PRETTYAWESOME/SHUTTERSTOCK ©

Fêtes gratuites

Carnaval de Notting Hill (www.thelondonnottinghillcarnival.com). En août, Londres passe à l'heure caribéenne pour le plus vivant des carnavals de la ville.

Trooping the Colour Défilés et manifestations officielles marquent l'anniversaire de la reine en juin, sur Horse Guards Parade.

Guy Fawkes' Night (Bonfire Night) Le 5 novembre, la tentative de Guy Fawkes de faire exploser le Parlement en 1605 est commémorée par des feux d'artifice.

Lord Mayor's Show (www.lordmayorsshow.london). Chars, fanfares et feux d'artifice font honneur au maire de Londres ; en novembre.

Nouvel An chinois Festival de rue dans Chinatown, fin janvier ou février.

Marathon de Londres En avril, 40 000 marathoniens foulent le bitume.

Événements payants

Wimbledon (www.wimbledon.com). Tennis sur gazon, en juin/juillet.

The Proms (www.bbc.co.uk/proms). Concerts classiques au Royal Albert Hall de juillet à septembre.

London Film Festival (www.bfi.org.uk/lff). Festival de cinéma au British Film Institute Southbank au mois d'octobre.

Chelsea Flower Show (www.rhs.org.uk/chelsea). Célèbre exposition horticole en mai (photo ci-dessus).

Nouvel An Après les douze coups de minuit sonnés par Big Ben, feu d'artifice tiré depuis le pied du London Eye. Billets sur www.london.gov.uk.

Agenda en ligne

Le calendrier des événements programmés à Londres et dans ses environs est mis en ligne sur www.visitlondon.com et www.timeout.com/london.

Scène LGBTQ+

La ville d'Oscar Wilde, Quentin Crisp et Elton John ne décevra pas les visiteurs LGBT, avec ses soirées, bars, clubs et événements effrontés, bruyants et audacieux. Londres est une capitale gay internationale, à l'instar de New York et de San Francisco. Et les communautés gay et lesbienne de la ville ont fait du bon temps une forme d'art de vivre.

MARIUSZ GALAS/SHUTTERSTOCK ©

Quartiers

Le quartier à la mode de Shoreditch abrite la scène LGBTQ+ la plus alternative, à laquelle se mêlent souvent des hétéros. Longtemps au cœur du Londres gay, Soho a été supplanté par l'East End, plus branché. Vauxhall, dans South London, est le haut lieu du clubbing.

Bars et clubs

Plusieurs adresses ont fermé leurs portes ces dernières années, notamment à cause de la gentrification de certains quartiers gays. Mais Londres réunit toujours une grande diversité de bars, disséminés dans la ville.

Clubs et boutiques

Heaven Cette véritable institution gay attire toujours une foule de clubbeurs le samedi soir. (p. 81)

Gay's the Word Une librairie LGBTQ+ bien fournie qui accueille des événements fréquents. (p. 104)

Événements

BFI Flare (www.bfi.org.uk/llgff). Avant-premières, projections et conférences investissent le BFI Southbank début avril.

Pride in London (www.prideinlondon.org). Énorme *Gay Pride* fin juin/début juillet (photo ci-dessus).

Agenda des événements LGBTQ+

Consultez www.facebook.com/GingerbeerUK pour connaître le calendrier, les soirées club et les bars lesbiens. Vous trouverez également des adresses de bars, clubs et événements sur www.timeout.com/london/lgbt.

Marchés

SUN_SHINE/SHUTTERSTOCK ©

Comme un Londonien

Le plaisir qu'offrent les marchés londoniens ne consiste pas seulement à dénicher les bonnes affaires et à fouiner dans des montagnes de bricoles en tous genres (même si les occasions ne manquent pas). C'est aussi un prétexte pour prendre le pouls de la ville et se mêler aux habitants, qui adorent y flâner le week-end.

Déjeuner sur le pouce

Les stands et/ou les food trucks sont l'une des caractéristiques des marchés londoniens – que ces derniers soient ou non spécialisés dans la gastronomie. Ils font généralement un tabac, grâce aux visiteurs désireux de s'asseoir pour se restaurer et observer l'animation. Les plats sont bons dans l'ensemble (même si la qualité varie) et les prix restent honnêtes (de 4 à 8 £).

Marchés

Borough Market Une mine de spécialités gourmandes, au sud de la Tamise. (ci-dessus, p. 134)

Old Spitalfields Market Un immense marché à la frontière de la City et de l'East End, parfait pour les articles rétro et la mode. (p. 191)

Camden Market Incontournable de North London. (p. 174)

Portobello Market Le plus connu de Londres, dans le quartier tendance de Notting Hill. (p. 167)

Brick Lane Market Le dimanche, bric-à-brac, vêtements bon marché et stands alimentaires. (p. 185)

Grignoter à l'œil au Borough Market

Les stands du Borough Market, au sud de la Tamise, offrent souvent des petits en-cas gratuits aussi savoureux que variés. Le samedi, mieux vaut arriver tôt pour ne pas avoir à jouer des coudes dans la halle.

Londres en 4 jours

Jour 1

THE PICTURE STUDIO/SHUTTERSTOCK ©

Premier arrêt à **Trafalgar Square** (p. 74), puis cap sur la **National Gallery** (p. 66). Après avoir dépassé le **10 Downing St** (p. 58), vous arriverez devant les **Houses of Parliament** (p. 50) et Big Ben. L'**abbaye de Westminster** (p. 44) se dresse à proximité. Un déjeuner gastronomique à prix doux s'impose au **Vincent Rooms** (p. 59). Ensuite, franchissez le Westminster Bridge et piquez vers le **London Eye** (ci-dessus, p. 135). Poursuivez le long de la Tamise jusqu'à la **Tate Modern** (p. 128). Admirez la cathédrale Saint-Paul depuis le **Millennium Bridge** (p. 137) et faites un saut au **Shakespeare's Globe** (p. 141).Un verre à la **George Inn** (p. 141) et un dîner à l'**Arabica Bar & Kitchen** (p. 137), dans la halle du **Borough Market** (p. 134), concluront la journée.

Jour 2

Arrivez tôt à la **Tour de Londres** (p. 112) afin d'assister à la **cérémonie des Clés**, puis suivez les *beefeaters* (guides-hallebardiers) pour admirer les joyaux de la Couronne, avant de découvrir le **Tower Bridge** (ci-dessus, p. 120) sur la Tamise. Rejoignez la **cathédrale Saint-Paul** (p. 108), déjeunez dans la crypte, puis visitez l'édifice et son dôme. Un bus vous mènera ensuite jusqu'à la place animée de **Covent Garden** (p. 72). Poursuivez vers **Piccadilly Circus** (p. 76). Prenez l'apéritif au **Dukes London** (p. 60), suivi d'un dîner israélien au **Palomar** (p. 77) ou italien au **Cafe Murano** (p. 53). Envie d'un dernier verre ? Restez à Piccadilly et Soho, où le **Rivoli Bar** (p. 60) sert des cocktails et le **Lamb & Flag** (p. 80), de bonnes pintes.

Jour 3

Au **British Museum** (p. 88), participez à la visite guidée des collections permanentes, à une conférence, ou partez seul à la découverte du musée. En sortant, flânez un peu dans **Bloomsbury** (p. 92).

Après un sandwich au **Tea & Tattle** (p. 89), gagnez Chelsea et Kensington, hauts lieux du shopping : **Harrods** (p. 165) est incontournable pour les souvenirs gourmets, et la boutique du **Victoria & Albert Museum** (p. 146) vend de jolis cadeaux. Terminez par une promenade dans **Hyde Park** (ci-dessus, p. 157) ou le **Natural History Museum** (p. 150). Vous pourrez dîner au **Launceston Place** (p. 162) et siroter un verre au **Queen's Arms** (p. 151), au **K Bar** (p. 164) ou au **Windsor Castle** (p. 164).

Jour 4

Prenez un bateau dans le centre jusqu'à Greenwich.

La **promenade historique** (p. 196) au bord de la Tamise vous mènera au National Maritime Museum, à la Queen's House et au *Cutty Sark*. Pour déjeuner, les stands de cuisine du monde du **Greenwich Market** (ci-dessus, p. 197) feront merveille. Rendez-vous à l'**Observatoire royal** (p. 192) en traversant le **Greenwich Park** (p. 195). Le panorama s'étend jusqu'à **Canary Wharf**, le quartier des affaires sur l'autre rive. À l'intérieur de l'Observatoire, enjambez le **méridien de Greenwich** (p. 193). Ne manquez pas non plus la **Camera Obscura** (p. 193) et les **Weller Astronomy Galleries** (p. 195). De retour vers le fleuve, accordez-vous une bière et un dîner à la **Trafalgar Tavern** (p. 197).

Les basiques

Pour plus d'informations, voir *Carnet pratique* (p. 203)

Langue
Anglais

Monnaie
Livre sterling (£)

Visas
Pour les citoyens de l'UE, du Canada et de la Suisse, visa non requis en cas de séjour de moins de six mois, mais obligation pour tous d'avoir un passeport en cours de validité.

Argent
Nombreux DAB. Principales cartes bancaires acceptées.

Téléphone portable
Procurez-vous une carte SIM auprès d'un opérateur mobile.

Heure locale
Londres est à l'heure GMT/UTC.

Pourboire
Hôtels : 1 £ par bagage. Pubs : jamais au bar. Restaurants : si le service n'est pas compris, ajoutez 10 %. Taxis : arrondissez à la livre supérieure.

Budget quotidien

Moins de 85 £

Lit en dortoir 12-30 £

Plat sur un marché ou sandwich de supermarché 3,50-5 £

Nombreux musées gratuits

Place de théâtre au dernier moment 10 p-25 £

Vélo Santander Cycles 1 jour : 2 £

De 85 à 200 £

Chambre double 100-200 £

Dîner (2 plats) avec verre de vin 35 £

Exposition temporaire 12-18 £

Place de théâtre 15-60 £

Plus de 200 £

Hôtel 4 étoiles ou boutique-hôtel à partir de 200 £

Dîner dans un grand restaurant, vin compris 60-90 £

Trajet en taxi 30 £

Place de théâtre très bien placée 65 £

À prévoir

Trois mois avant Vérifiez que votre passeport est toujours valide.
Réservez votre logement, une table réputée et vos billets pour les grands spectacles et pour les expositions incontournables.
Un mois avant Consultez les sites comme *Time Out* (www.timeout.com/london) pour le théâtre d'avant-garde, les concerts et les festivals, et réservez vos places.
Quelques jours avant Regardez la météo en ligne sur Met Office (www.metoffice.gov.uk).

Arriver à Londres

La plupart des voyageurs viennent à Londres en avion, mais l'Eurostar, qui arrive à la gare St Pancras, est une alternative pratique et rapide pour les Européens.

Depuis l'aéroport de Heathrow

Trains, métro et bus pour Londres de 5h à minuit, 5,10 à 25 £. Taxi 50 à 100 £. Le train Heathrow Express (25 £) relie la gare de Paddington.

Depuis l'aéroport de Gatwick

Trains pour Londres de 4h30 à 1h35, 10 à 20 £. Bus toutes les heures pour Londres 24h/24 et 7j/7, à partir de 10 £. Taxi 100 £.

Depuis l'aéroport de Stansted

Trains pour Londres de 5h30 à 0h30, 19,40 £. Bus pour Londres 24h/24 et 7j/7, 7-10 £. Taxi à partir de 130 £.

Depuis l'aéroport de Luton

Trains pour Londres de 7h à 22h à partir de 16,70 £. Bus pour Londres 24h/24 et 7j/7, 7-11 £. Taxi 110 £.

Gare de St Pancras International

Gare de l'Eurostar située dans le centre de Londres et reliée à d'autres quartiers de la ville par de nombreuses lignes de métro.

Comment circuler

Le moyen le plus économique reste l'Oyster Card (p. 211), ou une carte sans contact (vérifiez les surcharges éventuelles pour votre carte bancaire sans contact à l'étranger).

Métro, métro aérien et DLR

Rapides et pratiques, mais pas les plus économiques. Certaines lignes circulent toute la nuit le vendredi et le samedi.

Bus

Le réseau de bus est étendu mais lent, sauf pour les courts trajets (tarifs intéressants avec l'Oyster Card ou avec une carte sans contact). Il existe aussi des bus de nuit et certaines lignes circulent 24 h/24.

Taxi

Les tarifs de *black cab* sont élevés, sauf pour les groupes. Les *minicabs* sont moins chers. Des applications telles ques Gett (pour les *black cabs*) et Bolt (pour les *minicabs*) sont pratiques.

Vélo

Les vélos Santander Cycles sont parfaits pour de courts trajets.

Voiture et moto

À éviter : stationnement hors de prix, "taxe d'embouteillage", bouchons, prix élevé de l'essence, contractuels omniprésents et pose fréquente de sabots.

Les quartiers de Londres

Regent's Park et Camden (p. 169)

North London met l'accent sur la vie nocturne, les espaces verts et les bruyères, le charme des bords de canal, les marchés et les restaurants internationaux.

National Gallery et Covent Garden (p. 65)

L'intensité de la ville : théâtres du West End, grands musées, superbes restaurants, boutiques à foison et vie nocturne bohème.

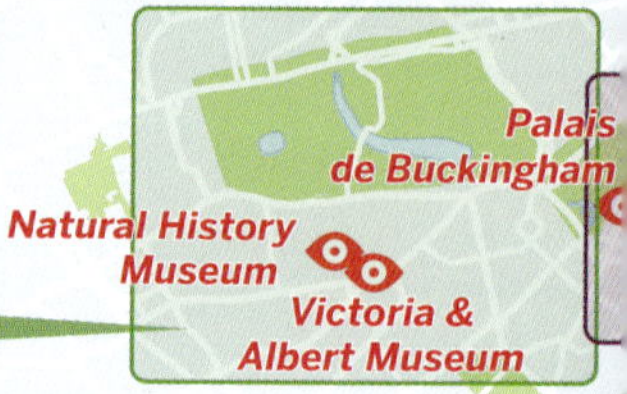

Musées de Kensington (p. 145)

L'un des quartiers les plus chics de Londres avec de beaux musées, des hectares d'espaces verts et d'excellents magasins et restaurants.

Abbaye de Westminster et Westminster (p. 43)

Siège royal et politique de Londres : faste, cérémonies, histoire et plusieurs sites majeurs de Londres.

British Museum et Bloomsbury (p. 87)
Le musée le plus célèbre de Londres, des places élégantes, des pubs littéraires et une restauration éclectique .

Shoreditch et l'East End (p. 183)
À l'énergie créative et aux clubs de Shoreditch s'ajoutent les sites historiques de l'East End, d'excellents restaurants et quantité de marchés.

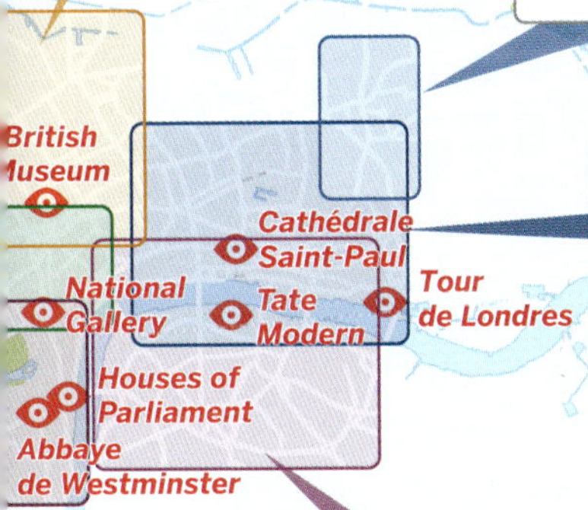

Saint-Paul et la City (p. 107)
L'église et la tour emblématiques de Londres se trouvent ici, entourées de vestiges antiques, d'églises historiques, de joyaux architecturaux et de pubs chaleureux.

Tate Modern et South Bank (p. 127)
Art moderne, théâtre innovant, pièces élisabéthaines, superbes restaurants, architecture d'avant-garde et pubs au bon goût de tradition.

Explorer
Londres

Vaut le détour

Vue panoramique de Londres _ULTRAFORMA_/GETTY IMAGES ©

Explorer

Abbaye de Westminster et Westminster

Westminster est le siège politique de Londres. Les manifestations officielles qui s'y déroulent donnent lieu à un déploiement de faste, avec convois de carrosses dorés, défilés grandioses et, dans le cas de l'ouverture du Parlement, homme en noir frappant sur la porte à l'aide d'un sceptre orné de joyaux. Les touristes affluent pour contempler le palais de Buckingham et le palais néogothique qui héberge le Parlement.

Notre sélection

- *Abbaye de Westminster (p. 44)*. Le lieu des couronnements, des noces et des funérailles de la royauté britannique.
- *Palais de Buckingham (p. 48)*. La résidence de la reine à Londres devant laquelle se déroule la fameuse relève de la garde.
- *Houses of Parliament (p. 50)*. Les allées du pouvoir dans le somptueux palais de Westminster.
- *Tate Britain (p. 56)*. Un panorama de la peinture britannique de la Renaissance à l'époque contemporaine.
- *Churchill War Rooms (p. 56)*. Le bunker souterrain où s'élabora la stratégie de la Grande-Bretagne durant la Seconde Guerre mondiale.

Comment y aller et circuler

U Westminster et St James's Park sont sur les lignes Circle Line et District Line. La Jubilee Line s'arrête aussi à Westminster et à Green Park. Green Park est également desservie par les lignes Piccadilly Line et Victoria Line.

Plan du quartier p. 54

Big Ben et les Houses of Parliament (p. 50) ALEXEY FEDORENKO/SHUTTERSTOCK ©

Les incontournables

Abbaye de Westminster

L'abbaye de Westminster est un site de commémoration si important qu'il est difficile de se représenter sa valeur symbolique ou de lui imaginer un équivalent ailleurs dans le monde. À l'exception d'Édouard V (assassiné) et d'Édouard VIII (qui a abdiqué), tous les souverains anglais ont été couronnés ici depuis Guillaume le Conquérant en 1066, seize s'y sont mariés et nombre d'entre eux y sont inhumés.

PLAN P. 54, E5

www.westminster-abbey.org

20 Dean's Yard

adulte/enfant 24/10 £, demi-tarif mer après 16h30

9h30-15h30 lun-mar et jeu-ven, 9h30-18h mer, 9h-15h sam mai-août, 9h-13h sam sept-avr

U Westminster

Transept nord, sanctuaire et chœur

Le transept nord est souvent appelé Statesmen's Aisle (nef des hommes d'État) : de grandes statues et plaques en marbre y sont dressées à la gloire des personnalités politiques (notamment les Premiers ministres) et personnages éminents. Au cœur de l'abbaye, le beau sanctuaire (ou sacrarium) pavé accueille les couronnements, les mariages et les funérailles royales. Le chœur, magnifique structure or, bleu et rouge, de style gothique victorien, dessinée par Edward Blore, date du milieu du XIXe siècle.

Chapelle d'Henri VII

La spectaculaire chapelle de la Vierge arbore une voûte en éventail, des bannières héraldiques colorées et des stalles en chêne. Derrière l'autel se trouve l'opulent double tombeau d'Henry VII et de sa bien-aimée, Élisabeth d'York. En face de l'entrée, vous pourrez admirer le "trône du couronnement" (Coronation Chair) de presque tous les monarques depuis la fin du XIIIe siècle.

Tombe de Marie, reine d'Écosse

Deux petites chapelles sont situées de part et d'autre de la chapelle de la Vierge. À gauche (nord) reposent Élisabeth Ire et sa demi-sœur Marie Ire (ou "Marie la Sanglante"). À droite (sud), on trouve la tombe de Marie Stuart, décapitée sur ordre de sa cousine Élisabeth en 1587.

Chapelle d'Édouard le Confesseur

L'endroit le plus sacré de l'abbaye se trouve derrière le maître-autel ; l'accès y est limité pour préserver le pavement du XIIIe siècle. Le tombeau de saint Édouard, qui fonda l'abbaye, a été modifiée après sa destruction pendant la Réforme.

★ À savoir

- Vu l'affluence, mieux vaut acheter les billets en ligne à l'avance (un peu moins cher) ou faire la queue dès l'ouverture.
- Les visites conduites par les sacristains (1 heure 30 ; 7 £, entrée en sus) apportent une vision plus approfondie que l'audioguide.
- Les Queen's Diamond Jubilee Galleries offrent une vue plongeante sur l'intérieur de l'édifice.
- Le café et les toilettes se trouvant au bout du parcours, prenez vos dispositions avant d'entrer.

Une petite pause ?

Non loin de l'abbaye, Vincent Rooms (p. 59) est le restaurant d'application des élèves de l'école hôtelière du Westminster Kingsway College. On y mange une délicieuse cuisine européenne au goût du jour à des prix très raisonnables.

Coin des poètes

Le transept sud abrite le "coin des poètes" (Poets' Corner) où reposent de nombreux écrivains illustres. Le premier à avoir été enterré ici est Geoffrey Chaucer, en 1400, suivi par Alfred Tennyson, Charles Dickens, Rudyard Kipling...

Tombe de sir Isaac Newton

Le "coin des hommes de science" (Scientists' Corner) occupe le côté ouest du cloître et abrite notamment la tombe de sir Isaac Newton. Voisine, l'"aile des musiciens" (Musicians' Aisle) est la dernière demeure des compositeurs baroques Henry Purcell et John Blow.

Cloîtres

Donnant accès aux bâtiments monastiques, les cloîtres (Cloisters), édifiés principalement entre le XIIIe et le XVe siècle, permettent de pénétrer dans la salle capitulaire, la salle du coffre et le musée de l'abbaye, situé dans la crypte.

Salle capitulaire

Située dans le cloître est, la salle capitulaire (Chapter House) octogonale a conservé son pavement médiéval, de remarquables carreaux ornés et des vestiges de fresques religieuses. La Chambre des communes y a siégé pendant la seconde moitié du XIVe siècle. Vous y verrez aussi une porte considérée comme la plus ancienne du Royaume-Uni (950 ans).

Salle du coffre

Voisine de la salle capitulaire et du cloître est, la salle du coffre (Pyx Chamber) est l'un des rares vestiges de l'abbaye d'origine. Construite vers 1070, elle renferme les trésors et les objets liturgiques de l'abbaye. Le fameux coffre contenait jadis la monnaie-étalon, précieusement conservée pour vérifier chaque année la conformité de la monnaie frappée lors de la cérémonie dite de l'Examen du Coffre.

College Garden

Pour accéder au College Garden (ouvert 10h-16h mar-jeu), un jardin vieux de 900 ans, traversez Little Dean's Yard et le petit cloître (Little Cloister). Il occupe le site du premier jardin de l'hôpital de l'abbaye, établi au XIe siècle pour cultiver des plantes médicinales.

Queen's Diamond Jubilee Galleries

Le musée et espace d'exposition Queen's Diamond Jubilee Galleries, situé dans le triforium médiéval, la galerie voûtée située au-dessus de la nef, a ouvert en 2018. L'exposition regroupe les masques mortuaires de générations de personnalités royales, les effigies de cire de Charles II et Guillaume III (sur un tabouret pour paraître aussi grand que son épouse, Marie II), une armure et des vitraux. Le trône du couronnement de Marie II, couvert de graffitis, et le retable de Westminster (XIIIe siècle), plus ancien retable en bois peint d'Angleterre, constituent les pièces maîtresses.

Histoire de l'abbaye de Westminster

L'abbaye de Westminster présente différents styles architecturaux mais est considérée comme le plus bel exemple de "premier gothique anglais" (1180-1280). L'église d'origine fut édifiée au XIe siècle par le roi (canonisé ensuite) Édouard le Confesseur, qui est enterré dans la chapelle située derrière le maître-autel. Henri III (règne 1216-1272) commença les travaux sur le nouveau bâtiment sans les achever. La nef de style gothique français fut achevée en 1388. L'immense et magnifique chapelle d'Henri VII fut ajoutée en 1519.

Monastère bénédictin et dissolution

À l'origine, l'abbaye était un monastère de bénédictins. De nombreuses caractéristiques témoignent de ce passé collégial (la salle capitulaire octogonale, le chœur et les cloîtres). En 1540, Henri VIII sépara l'Église anglicane de l'Église catholique et la communauté fut dissoute. Le roi prenant la tête de l'Église d'Angleterre, l'abbaye acquit son statut spécial royal (administrée directement par la Couronne et exempte de toute juridiction ecclésiastique).

Site du couronnement

À l'exception d'Édouard V et d'Édouard VIII, tous les souverains anglais ont été couronnés ici depuis Guillaume le Conquérant en 1066, et la plupart des monarques depuis Henri III (mort en 1272) jusqu'à George II (mort en 1760) y reposent.

Chœur

Datant du milieu du XIXe siècle, le chœur actuel n'a pas grand-chose de commun avec le chœur d'origine réservé aux moines qu'il a remplacé. Il accueille le Westminster Choir – 22 garçons et 12 vicaires laïcs – qui chantent chaque jour les offices et les vêpres (17h en semaine, 15h le week-end).

Mariages royaux

Le 29 avril 2011, le prince William a épousé Catherine Middleton (S.A.R. la duchesse de Cambridge) à l'abbaye de Westminster. Le couple a choisi l'abbaye pour le cadre relativement intime du sanctuaire : à cause du chœur, la plupart des quelque 1 900 invités n'ont rien pu voir de la cérémonie ! Leur certificat de mariage, calligraphié et enluminé, fait désormais partie de la collection des Queen's Diamond Jubilee Galleries. Le 19 mai 2018, le prince Harry a convolé en justes noces avec Meghan Markle dans la chapelle Saint-Georges de Windsor.

Les incontournables

Palais de Buckingham

Édifié en 1703 pour le duc de Buckingham puis acheté par le roi George III, ce palais est la résidence de la famille royale depuis 1837, date à laquelle la reine Victoria s'y installa. Les pièces d'apparat (State Rooms), 19 seulement parmi les 775 pièces que compte le palais, sont ouvertes de mi-juillet à septembre, lorsque Son Altesse Royale est en vacances en Écosse.

PLAN P. 54, B4

0303 123 7300

www.rct.uk/visit/the-state-rooms-buckingham-palace

Buckingham Palace Rd

adulte/enfant/–5 ans 26,50/14,50 £/gratuit

9h-18h mi-juil-fin sept

U Green Park ou St James's Park

State Rooms

La visite démarre dans l'entrée (Grand Hall), au pied du grand escalier (Grand Staircase). Elle comprend le salon vert (Green Drawing Room) à l'italienne signé John Nash, la salle à manger d'apparat (State Dining Room), le salon bleu (Blue Drawing Room) au magnifique plafond signé John Nash, et le salon blanc (White Drawing Room), où sont reçus les ambassadeurs étrangers. La salle du trône (Throne Room) est assez décevante, avec deux fauteuils ornés des monogrammes "ER" et "P".

Picture Gallery et jardins

Longue de 47 m, la galerie de tableaux présente des œuvres d'artistes aussi illustres que Van Dyck, Rubens, Rembrandt, Canaletto, Poussin et Vermeer. À la fin de la visite, la balade dans les 16 ha de jardins est un autre temps fort – tout comme la découverte de quelques-unes des 350 espèces de plantes.

Queen's Gallery

La famille royale a rassemblé une collection inestimable de peintures, de sculptures, de céramiques, de meubles et de bijoux. La splendide **Queen's Gallery** (aile sud, Buckingham Palace ; adulte/enfant 13,50/6,70 £ ; 10h-17h30, 9h30-17h30 mi-juil à sept) présente ces trésors tour à tour. Entrée par Buckingham Gate.

Royal Mews

Au sud-ouest du palais, les **écuries royales** (Buckingham Palace Rd ; adulte/enfant 13/7,50 £ ; 10h-17h avr-oct, 10h-16h lun-sam fév, mars et nov ; U Victoria) furent d'abord une fauconnerie. Aujourd'hui, y logent les impeccables chevaux royaux et y sont remisées les opulentes voitures qu'utilise la reine pour ses déplacements. Ne manquez pas le magnifique carrosse en or de 1762 et celui en verre de 1911.

★ À savoir

- Pour accéder au palais, réservez en ligne un ticket avec horaire (départ toutes les 15 min). La visite libre (audioguide inclus) dure 2 heures.
- Le ticket combiné Royal Day Out (adulte/enfant/-5 ans 49/26,50 £/gratuit) couvre les State Rooms, la Queen's Gallery et les Royal Mews.
- La relève de la garde (p. 58) est un spectacle très couru : arrivez tôt.

Une petite pause ?

Réservez une table à l'Other Naughty Piglet (p. 59), le bistrot du théâtre The Other Palace Theatre, pour profiter du menu déjeuner (2 plats 18 £). Le poisson, la viande et le vin sont les points fort de la carte de saison.

Les incontournables

Houses of Parliament

La Chambre des communes (House of Commons), élue, et la Chambre des lords (House of Lords), dont les membres sont désignés ou héréditaires, siègent dans le somptueux palais de Westminster. Ce bâtiment néogothique date du milieu du XIXe siècle (quelques sections ont survécu à un terrible incendie en 1834). Les visiter est un voyage au cœur de la démocratie britannique.

PLAN P. 54, F5

visites guidées 020-7219 4114

www.parliament.uk

Parliament Sq

avec guide adulte/enfant 26,50/11,50 £, audioguidée 19,50 £/gratuite

U Westminster

Big Ben

La tour de l'Horloge est l'élément le plus célèbre des Houses of Parliament. Officiellement appelée Elizabeth Tower pour le jubilé de diamant de la reine en 2012, elle est mondialement connue sous le nom de Big Ben, qui désigne en réalité son carillon de 13,5 tonnes. Celui-ci a été baptisé d'après Benjamin Hall, commissaire en chef des travaux lors de l'achèvement de l'édifice en 1858. Les échafaudages dus aux travaux devraient être enlevés à l'été 2022.

Westminster Hall

C'est l'un des éléments les plus intéressants du palais de Westminster, siège de la monarchie anglaise du XIe siècle au début du XVIe siècle. Construite à la fin du XIe siècle, c'est la partie la plus ancienne du palais. Son étonnante charpente d'une portée de 20 mètres fut un exploit réalisé entre 1394 et 1401.

House of Commons

C'est dans la Chambre des communes que se réunissent les membres du Parlement pour proposer et discuter les nouvelles lois, et interroger le Premier ministre et d'autres ministres. La salle actuelle, conçue par Giles Gilbert Scott, remplace celle détruite par une bombe en 1941.

House of Lords

L'accès à la Chambre des lords se fait par la galerie des Étrangers (Strangers' Gallery). L'intérieur ouvragé de style néo-gothique perpendiculaire est dû à l'architecte Auguste Pugin (1812-1852).

Visites

Possibilité de visites guidées ou autonomes le samedi toute l'année et presque tous les jours en semaine durant les vacances parlementaires.

★ À savoir

- Réservez à l'avance car la visite n'a lieu qu'une fois par semaine, le samedi, et affiche rapidement complet. Vous paierez en outre moins cher.
- On peut prolonger l'expérience par un *afternoon tea* dans un cadre grandiose.

✕ Une petite pause ?

Prenez le thé dans une salle des House of Commons au bord de l'eau (adulte/enfant 30/15 £). Le restaurant des parlementaires (Members' Dining Room) est aussi parfois ouvert au public.

Mieux encore, retenez une table à l'élégant Skylon (p. 138), dans le Southbank Centre, dont les amples baies vitrées donnent sur la Tamise.

Promenade à pied

Londres royal

Regroupant la crème des majestueux sites royaux de Londres, cet itinéraire riche en découvertes couvre quelques incontournables de la ville. Vous découvrirez des édifices et sites historiques parmi les plus célèbres de Londres et aurez de multiples occasions de prendre des photos. La balade qui forme une boucle permet de revenir au point de départ pour accéder facilement à d'autres quartiers de Londres.

La promenade

Départ Abbaye de Westminster ; U Westminster

Arrivée Houses of Parliament ; U Westminster

Distance 3,5 km

Durée 2 heures

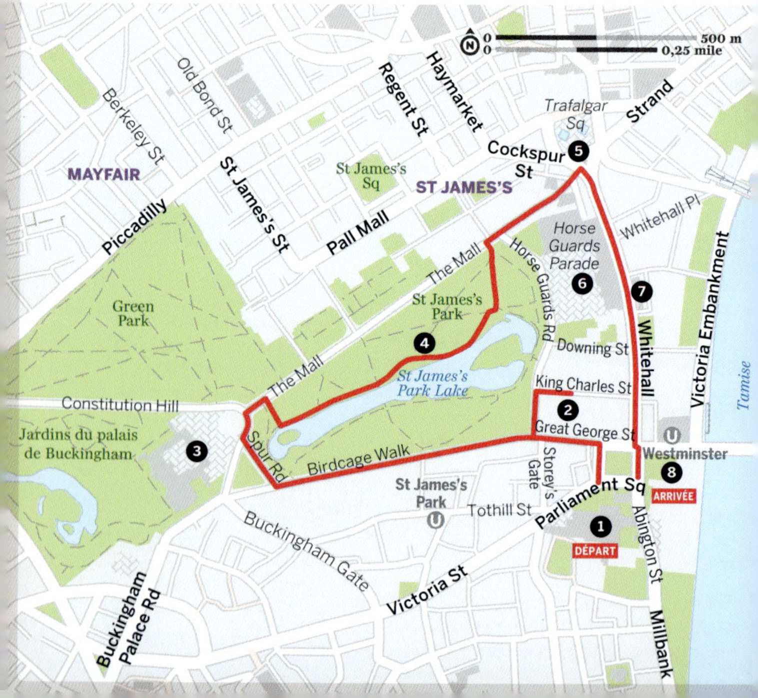

❶ Abbaye de Westminster

Commencez par explorer l'abbaye de Westminster (p. 44), tôt de préférence. C'est ici qu'ont été couronnés presque tous les souverains anglais depuis 1066.

❷ Churchill War Rooms

Contournez Parliament Sq, en passant devant la Cour suprême du Royaume-Uni, du côté ouest de la place, et rejoignez les Churchill War Rooms (salles du cabinet de guerre, p. 56) pour découvrir comment Churchill coordonna la résistance des alliés contre Hitler.

❸ Palais de Buckingham

Birdcage Walk conduit au palais de Buckingham (p. 48), dont les salles d'apparat sont ouvertes de mi-juillet à septembre aux personnes munies d'un ticket. Autrement, visitez les Royal Mews (écuries, p. 49) et la Queen's Gallery (p. 49).

❹ St James's Park

Flânez le long de The Mall et entrez dans St James's Park (p. 57), l'un des plus jolis parcs royaux de Londres. Longez le St James's Park Lake peuplé de canards, d'oies et de cygnes.

❺ Trafalgar Square

Gagnez The Mall et passez sous l'Admiralty Arch pour rejoindre l'animation de Trafalgar Square (p. 74). Admirez la vue sur Whitehall et les Houses of Parliament.

❻ Horse Guards Parade

Descendez Whitehall jusqu'à l'entrée de la Horse Guards Parade (p. 58). L'élégante garde montée de la Queen's Household Cavalry est en service tous les jours de 10h à 16h, lors de la relève des gardes à pied.

❼ Banqueting House

En face, la superbe Banqueting House (p. 57) est le dernier vestige subsistant du Whitehall Palace, qui disparut dans un incendie à la fin du XVIIe siècle. Plus loin dans Whitehall se trouve l'entrée du 10 Downing Street (p. 58).

❽ Houses of Parliament

Au bout de Whitehall, vous arrivez aux Houses of Parliament (p. 50) et leur célèbre tour, Big Ben, à découvrir dans le cadre d'une visite guidée ou à l'aide d'un audioguide.

✕ Une petite pause ?

S'il fait beau, emportez un pique-nique pour manger dans le charmant St James's Park (p. 57). Autrement, le **Cafe Murano** (Plan p. 54, B2 ; ☎020-3371 5559 ; www.cafemurano.co.uk ; 33 St James's St ; plats 18-28 £ ; ⏲12h-15h et 17h30-23h lun-sam, 11h30-16h dim ; Ⓤ Green Park), dans le quartier voisin de St James's, est un bon choix pour une cuisine authentique du nord de l'Italie.

Palais de Buckingham
7
Relève de la garde
Constitution Hill
Spur Rd
Birdcage Walk
Old Queen St
Great George St
Parliament Sq
Parliament Sq
Westminster Bridge
Westminster
Whitehall
King Charles St
Churchill War Rooms 2
St James's Park Lake
St James's Park 5
Richmond Tce
Downing St
10 Downing Street
Victoria Embankment
Horse Guards Rd
Horse Guards Ave
Banqueting House 6
Relève de la garde à cheval 8
The Mall
Marlborough Rd
Cleveland Row
Carlton Gdns
Whitehall Ct
Whitehall Pl
Spring Gdns
Jubilee Bridges
Golden
Northumberland Ave
Embankment
Charing Cross
Craven St
Villiers St
Strand
Trafalgar Sq
Cockspur St
Whitehall
Carlton House Tce
ST JAMES'S
Pall Mall
St James's Sq
Charles II St
St Alban's St
Haymarket
Suffolk St
Regent St
Jermyn St
Ormond Yard
18
16
15
Piccadilly
Royal Academy of Arts 4 3
17
Burlington Arcade
9
Duke St
King St
Bury St
St James's St
Park Pl
St James's Pl
13
Cafe Murano
14
Queen's Walk
Green Park
Piccadilly
10
New Bond St
Albemarle St
Dover St
Berkeley St
Curzon St
200 m
0,1 mile
A
B
C
D
E
F
1
2
3
4

Abbaye de Westminster
Houses of Parliament
Tothill St
St James's Park
Petty France
Buckingham Gate
Wilfred St
Castle La
Palace St
Cardinal Walk
Caxton St
Broadway
Victoria St
Dean's Yard
Great Smith St
Great College St
Abington St
Victoria Tower Gardens
Millbank
Tamise
Old Pye St
Great Peter St
Chadwick St
Monck St
Marsham St
Tufton St
Medway St
Horseferry Rd
WESTMINSTER
Lambeth Bridge
Page St
Vincent St
Bressenden Pl
Buckingham Palace Rd
Victoria St
Howick Pl
Greycoat Pl
Ashley Pl
Francis St
Greencoat Pl
Rochester Row
Greycoat St
Elverton St
Maunsel St
Morpeth Tce
Carlisle Pl
Stillington St
Willow Pl
Vincent Sq
Victoria
Wilton Rd
Bridge Pl
Vauxhall Bridge Rd
Gillingham St
Warwick Way
Hide Pl
Chapter St
Regency St
Douglas St
Erasmus St
Herrick St
John Islip St
Tate Britain
Atterbury St
Belgrave Rd
Charlwood St
11
12
1
A
B
C
D
E
F
5
6
7
8
Nos adresses
Les incontournables p. 44
Voir p. 56
Se restaurer p. 58
Prendre un verre p. 60
Shopping p. 61

Voir

Tate Britain

MUSÉE

1 PLAN P. 54, E8

Construite sur le site de l'ancien Millbank Penitentiary, la plus ancienne des deux Tate a ouvert en 1892 et célèbre la peinture britannique du XVIe siècle à nos jours, avec des œuvres de William Blake, William Hogarth, Thomas Gainsborough et John Constable, ainsi que des représentant de l'art moderne et contemporain comme Lucian Freud, Barbara Hepworth, Gillian Ayres, Francis Bacon et Henry Moore. Les lumineux tableaux de William Turner exposés dans la Clore Gallery sont sans conteste les fleurons de la collection. (020-7887 8888 ; www.tate.org.uk/visit/tate-britain ; Millbank ; entrée libre ; 10h-18h ; U Pimlico)

Churchill War Rooms

MUSÉE

2 PLAN P. 54, E4

Lors de la Seconde Guerre mondiale, Winston Churchill participa à la coordination de la résistance des alliés contre l'Allemagne nazie depuis ce bunker souterrain au moyen d'un téléphone en bakélite. On perçoit très bien l'atmosphère de résistance et de tension de l'époque dans les Cabinet War Rooms, quasiment figées en l'état depuis 1945. Le moderne Churchill Museum, doté de nombreux dispositifs multimédias, offre une approche passionnante du grand homme, chef de guerre déterminé. (020-7416 5000 ; www.iwm.org.uk ; Clive Steps, King Charles St ; adulte/enfant 23/11,50 £ ; 9h30-18h ; U Westminster)

Royal Academy of Arts

MUSÉE

3 PLAN P. 54, B1

La première école des Beaux-Arts de Grande-Bretagne, fondée en 1768, s'est installée à Burlington House un siècle plus tard. En 2018, pour son 250e anniversaire, le musée a fait l'oblet de rénovations de grande ampleur et d'une extension dans le splendide édifice du 6 Burlington Gardens. La collection comprend dessins, peintures, projets d'architecture, photographies et sculptures d'élève de l'académie d'hier et d'aujourd'hui, tels Joshua Reynolds, John Constable, Thomas Gainsborough, William Turner, David Hockney et Tracey Emin. Les artistes femmes ont longtemps été sous représentées, mais les choses évoluent lentement. (020-7300 8000 ; www.royalacademy.org.uk ; Burlington House, Piccadilly ; entrée libre ; 10h-18h sam-jeu, 10h-22h ven ; U Green Park)

Burlington Arcade

BÂTIMENT HISTORIQUE

4 PLAN P. 54, B1

Jouxtant Burlington House et la Royal Academy of Arts, cette élégante galerie marchande date de 1819. Elle compte aujourd'hui principalement des boutiques de luxe et est connue pour ses Burlington Beadles, gardes en

Royal Academy of Arts

redingote et haut-de-forme à l'affût de la moindre "infraction" – courir, siffler, manger du chewing-gum, ouvrir un parapluie, ou tout autre comportement de mauvais goût. (Le fait que la galerie était autrefois une maison close est moins connu).

Située entre Old Bond St et Albermarle St, la Royal Arcade date de 1880. (www.burlingtonarcade.com ; 51 Piccadilly ; 9h-19h30 lun-sam, 11h-18h dim ; U Green Park)

St James's Park

PARC

5 PLAN P. 54, C3

D'une superficie de 23 ha, St James's est le plus petit des 8 parcs royaux après **Green Park** (www.royalparks.org.uk/parks/green-park ; 5h-minuit ; U Green Park). Il ne manque toutefois pas d'entretien, c'est l'espace vert le plus soigné de Londres. Il offre un superbe point de vue sur le London Eye, Westminster, St James's Palace, Carlton Tce et la Horse Guards Parade. Le pont bleu (Blue Bridge) traversant le lac central offre le plus bel angle de vue sur le palais de Buckingham. (www.royalparks.org.uk/parks/st-jamess-park ; The Mall ; 5h-minuit ; U St James's Park ou Green Park)

Banqueting House

PALAIS

6 PLAN P. 54, E3

La Banqueting House est l'unique vestige du palais Tudor de Whitehall (1532) qui bordait autrefois une bonne partie de l'avenue avant d'être réduit en cendres lors d'un incendie en 1698. Dessinée par Inigo Jones en 1622 avant d'être ravalée en pierre de Portland au

10 Downing St

Bureau officiel des dirigeants britanniques depuis 1732, lorsque George II céda l'endroit à Robert Walpole, premier lord trésorier, le **10 Downing St** (plan p. 54, E3 ; www.number10.gov.uk ; 10 Downing St ; U Westminster) est aussi la résidence londonienne du Premier ministre depuis la rénovation de 1902. Cette adresse si célèbre occupe un bien petit édifice georgien dans une rue ordinaire, difficilement comparable à la Maison-Blanche, par exemple. Cependant, il s'agit en réalité de 3 maisons réunies, soit une centaine de pièces et un jardin de 2 000 m².

XIXe siècle, la Banqueting House fut le premier édifice purement Renaissance d'Angleterre et ne ressemblait à aucune autre construction du pays à l'époque. De magnifiques peintures de Rubens célébrant le règne de Jacques Ier ornent le plafond. (☎ 020-3166 6000 ; www.hrp.org.uk/banquetinghouse ; Whitehall ; adulte/enfant 7,50 £/gratuit ; ⌚10h-17h ; U Westminster)

Relève de la garde CÉRÉMONIE

7 PLAN P. 54, B4

Un incontournable, à condition d'aimer les bains de foule. Suivie par d'innombrables touristes, la relève des gardes à pied du Household Regiment, en uniforme rouge vif et coiffés du fameux bonnet à poil d'ours, qui paradent sur le Mall et entrent dans le palais de Buckingham (p. 48) fait l'objet d'un cérémonial très protocolaire d'environ 45 minutes. Des marches et des airs connus joués par une fanfare militaire clôturent l'événement. Arrivez au moins 45 minutes avant. (www.royal.uk/changing-guard ; Buckingham Palace, Buckingham Palace Rd ; entrée libre ; ⌚11h lun, mer, ven, dim août-mai, 11h tlj juin-juil ; U St James's Park ou Green Park)

Horse Guards Parade CÉRÉMONIE

8 PLAN P. 54, E3

A 10h le dimanche, à 11h du lundi au samedi, les gardes à cheval des deux régiments de la Household Cavalry effectuent une relève, plus accessible que celle du palais de Buckingham. Une version un peu moins solennelle a lieu à 16h lors de la relève de la garde à pied. C'est ici aussi que se tient la parade du **Trooping the Colour** (www.householddivision.org.uk/trooping-the-colour), à l'occasion de l'anniversaire officiel de la reine, en juin. (près de Whitehall ; U Westminster ou Charing Cross)

Se restaurer

Gymkhana INDIEN £££

9 PLAN P. 54, B1

Si le décor évoquant le "bon vieux temps" du Raj britannique –

boiseries en chêne, ventilateurs au plafond, photos de matchs de cricket et trophées de chasse – , est assez sombre, la cuisine, elle, ne manque pas de couleurs. Pour en apprécier toute la diversité, commandez le menu dégustation de 7 plats (carné/végétarien 85/80 £). Le bar, à l'image des *punch houses* indonésiennes du XVIIe siècle, reste ouvert jusqu'à 1h. (☎ 020-3011 5900 ; www.gymkhanalondon.com ; 42 Albemarle St ; plats 17-38 £, menus de 4 plats 40 £ ; ⌚ 12h-14h30 et 17h30-22h15 lun-sam ; ; U Green Park)

Kitty Fisher's

BRITANNIQUE MODERNE £££

10 PLAN P. 54, A2

Occupant une place de choix à Shepherd Market, un coin de Mayfair qui fut historiquement l'un des quartiers chauds de Londres, ce restaurant cosy porte le nom d'une courtisane du XVIIIe siècle immortalisée par le peintre Joshua Reynolds. On y déguste une cuisine anglaise de qualité (lotte au chou-fleur avec beurre au curry, perdrix accompagnée de céleri-rave et de poires au vinaigre...) dans deux salles joliment meublées. Excellente carte des vins également. (☎ 020-3302 1661 ; www.kittyfishers.com ; 10 Shepherd Market ; plats 27-29 £ ; ⌚ 12h-14h30 et 18h-21h30 lun-sam ; U Green Park)

The Other Naughty Piglet

BISTROT ££

11 PLAN P. 54, B5

Plus spacieuse que le Naughty Piglets de Brixton, cette adresse sans prétention au premier étage du théâtre The Other Palace prépare dans sa cuisine à l'américaine de savoureux plats de saison comme l'anguille fumée à la rhubarbe, au gingembre et à la coriandre. Menus déjeuner et avant-spectacle d'un bon rapport qualité/prix (2/3 plats 18/22 £) du mardi au samedi. (☎ 020-7592 0322 ; www.theothernaughtypiglet.co.uk ; The Other Palace, 12 Palace St ; petites assiettes 10-12 £ ; ⌚ 12h-14h15 mar-sam et 17h15-21h15 lun-sam ; ; U Victoria)

Westminster by night

Westminster et Whitehall sont totalement déserts le soir, et comptent très peu de bars et de restaurants. La situation est à peu près la même à St James's. Pour prendre un verre, dîner ou écouter de la musique live, dirigez-vous plutôt vers le très vivant quartier de Soho. Autrement, traversez la Tamise jusqu'à South Bank, également riche en pubs, restaurants et théâtres.

Vincent Rooms

EUROPÉEN MODERNE ££

12 PLAN P. 54, C7

Envie de servir de cobaye aux apprentis cuisiniers du Westminster Kingsway College, où s'est formé Jamie Oliver ? Le service est agréable, l'atmosphère dans la Brasserie et l'Escoffier Room est chic, la cuisine (y compris les options végétariennes) est

Dukes London

merveilleuse et les tarifs sont très abordables. (020-7802 8391 ; www.thevincentrooms.co.uk ; Westminster Kingsway College, Vincent Sq ; 2/3 plats 17/21 £ ; 12h-15h lun-ven et 18h-21h mar-jeu hors vacances scolaires ; U Victoria)

Prendre un verre

Dukes London

BAR À COCKTAILS

13 PLAN P. 54, B2

Ce bar classique distille une atmosphère feutrée de club pour gentlemen anglais. Les serveurs en veste blanche sont passés maîtres dans l'art du cocktail. Ian Fleming, qui fréquentait les lieux, y a peut-être siroté les martinis "mélangés au skaker, pas à la cuillère", chers à James Bond. Les amateurs de havanes pourront acheter un cigare et le fumer dans le Cognac and Cigar Garden. (020-7491 4840 ; www.dukeshotel.com/dukes-bar ; Dukes Hotel, 35 St James's Pl ; 14h-23h lun-sam, 16h-22h30 dim ; ; U Green Park)

Rivoli Bar

BAR À COCKTAILS

14 PLAN P. 54, B2

Vous n'aurez pas forcément besoin d'un diamant aussi gros que le Ritz pour prendre un verre dans cette merveille Art déco, mais presque. Bois de camphrier, luminaires Lalique, dômes dorés et fabuleux cocktails : ce bar est un bijou. Contrairement à d'autres espaces du palace, le Rivoli accepte les tenues de ville (sauf les baskets). On peut y commander du caviar, des huîtres et des plats classiques plus substantiels (salade niçoise au thon, *shepherd's pie* à la queue de bœuf...) de 11h30 à 22h30. (☎ 020-7493 8181 ; www.theritzlondon.com/dine-with-us/rivoli-bar ; Ritz London, 150 Piccadilly ; 11h30-23h30 lun-sam, 12h-22h30 dim ; ; U Green Park)

Shopping

Fortnum & Mason GRAND MAGASIN

15 PLAN P. 54, B1

Fidèle à son emblématique couleur "eau de Nil" (bleu-vert pâle) et son personnel en frac rouge, hommes et femmes confondus, "l'épicerie de la reine" fondée en 1707 refuse de céder à la modernité. Le rayon alimentation sélect propose paniers pique-nique, marmelades et thés. Comme Élisabeth II en 2012, sacrifiez au rituel très british de l'*afternoon tea* au Diamond Jubilee Tea Salon. (☎ 020-7734 8040 ; www.fortnumandmason.com ; 181 Piccadilly ; 10h-21h lun-sam, 11h30-18h dim ; U Green Park ou Piccadilly Circus)

Hatchards LIVRES

16 PLAN P. 54, C1

Occupant un bâtiment de style georgien, la doyenne des librairies du Royaume-Uni (1797) est fournisseur officiel de la famille royale. Elle possède notamment un bon stock de premières éditions, de livres rares et d'éditions signées. (☎ 020-7439 9921 ; www.hatchards.co.uk ; 187 Piccadilly ; 9h30-20h lun-sam, 12h-18h30 dim ; U Green Park ou Piccadilly Circus)

Penhaligon's PARFUM

17 PLAN P. 54, B1

Suivez votre odorat à l'intérieur de l'historique Burlington Arcade (p. 56) et il vous conduira jusqu'à cette enseigne culte de la parfumerie britannique. Les vendeurs interrogent les clients sur leurs fragrances favorites, présentent les grands classiques de la gamme et aident à dénicher de nouvelles senteurs parmi les parfums traditionnels ou d'intérieur et les produits de toilette. Tout est fabriqué en Angleterre, d'où des prix plutôt élevés. (☎ 020-7629 1416 ; www.penhaligons.com ; 16-17 Burlington Arcade ; 9h-18h30 lun-ven, 9h30-18h30 sam, 12h-18h dim ; U Piccadilly Circus ou Green Park)

Paxton & Whitfield ALIMENTATION

18 PLAN P. 54, C1

Détentrice de deux mandats royaux, cette boutique à la devanture noir et or offrant un étourdissant éventail de fromages fut d'abord une modeste échoppe d'Aldwych en 1742. Il y a des fromages pour tous les goûts, à pâte molle et dure, ainsi que du bleu et d'autres produits à croûte lavée. (☎ 020-7930 0259 ; www.paxtonandwhitfield.co.uk ; 93 Jermyn St ; 10h-18h30 lun-sam, 11h-17h dim ; U Piccadilly Circus ou Green Park)

Promenade à pied

De la Tour de Londres à la Tate Modern

La tour de Londres, de sinistre mémoire, marque le début de cet itinéraire qui franchit la Tamise par le superbe Tower Bridge, avant de longer le fleuve vers l'ouest. La promenade passe par des points de vue grandioses, des édifices saisissants de toute les époques et la reconstitution du fameux théâtre de Shakespeare pour s'achèver à la Tate Moderne, temple de l'art contemporain.

La promenade

Départ Tour de Londres ; U Tower Hill

Arrivée Tate Modern ; U Southwark

Distance 3,5 km

Durée 1 heure 30

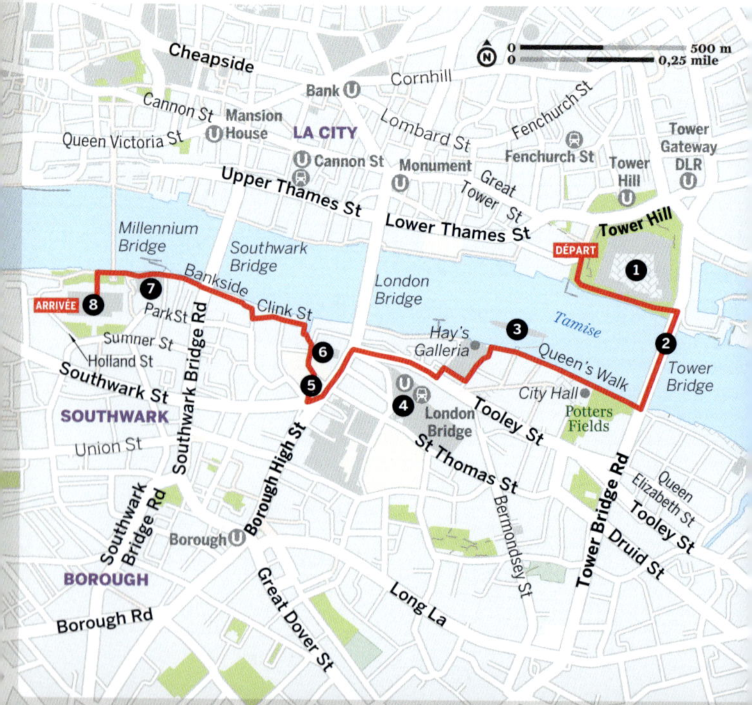

❶ Tour de Londres

Érigée à partir de 1066, la Tour de Londres (p. 112) qui domine la Tamise est le plus ancien monument de la ville encore debout. La forteresse renferme les Joyaux de la Couronne et se visite en compagnie de Yeoman Warders (hallebardiers) en costume Tudor.

❷ Tower Bridge

Rejoignez la rive sud de la Tamise par ce pont basculant de la fin du XIXe siècle (p. 120). L'ouvrage fonctionne toujours, essentiellement pour le passage des bateaux de plaisance.

❸ HMS Belfast

Suivez la promenade de Queen's Walk vers l'ouest jusqu'au City Hall. Amarré un peu plus loin, le *HMS Belfast* (p. 136), un croiseur léger qui servit durant la Seconde Guerre mondiale, est un musée flottant.

❹ The Shard

Traversez le complexe commercial Hay's Galleria jusqu'à Tooley St pour voir The Shard (p. 136), l'un des plus hauts gratte-ciel d'Europe (310 m).

❺ Borough Market

Continuez vers l'ouest par Tooley St, descendez Borough Hight St et remontez Stoney St jusqu'au Borough Market (p. 134), rempli d'étals de produits frais, de stands de restauration et de grossistes auprès desquels se fournissent les grands chefs londoniens.

❻ Cathédrale de Southwark

Cette cathédrale anglicane (p. 135) de style victorien conserve sous ses ogives gothiques un beau retable de 1520 chargé de statues de saints, entre autres trésors.

❼ Shakespeare's Globe

Longez Clink St vers l'ouest, via les ruines du Winchester Palace (XIIe siècle), pour atteindre Bankside et le Shakespeare's Globe (p. 141), réplique exacte d'un théâtre élisabéthain. On peut effectuer une visite guidée et/ou assister à une représentation.

❽ Tate Modern

Environ 100 m à l'ouest, le Millennium Bridge (p. 137) jouxte la silhouette emblématique de la Tate Modern (p. 128), le grand musée d'art moderne et contemporain de Londres.

Une petite pause ?

Les stands de restauration à emporter de la section Green Market du Borough Market, près de la cathédrale de Southwark, vendent toutes sortes de nourritures alléchantes du monde entier, des saucisses allemandes aux plats caribéens. Pour déjeuner à table, direction l'un des nombreux restaurants en lisière du marché, comme l'Arabica Bar & Kitchen (p. 137) ou Padella (p. 137).

THE NATIONAL GALLERY

Explorer

National Gallery et Covent Garden

Au centre du West End – le cœur géographique, culturel et social de Londres –, le quartier entourant la National Gallery et Covent Garden est un haut lieu touristique. C'est la zone la plus animée de la ville, avec ses monuments historiques, ses restaurants chics, ses théâtres renommés et ses pubs, sans oublier ses innombrables boutiques.

Notre sélection

- ***National Gallery (p. 66)***. *Des chefs-d'œuvre de la peinture européenne rassemblés dans un édifice palatial.*
- ***Covent Garden (p. 72)***. *Une place très vivante, bordée de bars, restaurants et lieux de divertissement.*
- ***Chinatown (p. 73)***. *Le quartier chinois et ses pittoresques rues piétonnes où fleurissent tables et commerces exotiques.*
- ***Soho (p. 73)***. *Le lieu festif, gay et interlope de Londres par excellence.*
- ***Somerset House (p. 74)***. *Cinéma en plein air ou patin à glace selon la saison.*

Comment y aller et circuler

U Piccadilly Circus, Leicester Sq et Covent Garden (sur la Piccadilly Line) ou Leicester Sq, Charing Cross et Embankment (sur la Northern Line).

Plan du quartier p. 70

National Gallery (p. 66) JOE KUIS/SHUTTERSTOCK ©

Les incontournables

National Gallery

Avec quelque 2 300 tableaux signés de peintres européens, la collection figure parmi les plus riches au monde. Elle réunit des œuvres phares réalisées entre le milieu du XIIIe siècle et le début du XXe siècle, notamment des toiles de Léonard de Vinci, Michel-Ange, Titien, Van Gogh, Monet, Renoir et Rembrandt.

PLAN P. 70, E6

020-7747 2885

www.nationalgallery.org.uk

Trafalgar Sq

entrée libre

10h-18h sam-jeu, 10h-21h ven

U Charing Cross

Aile Sainsbury

L'aile Sainsbury (1260-1510) expose de nombreuses peintures religieuses, ainsi que des chefs-d'œuvre plus surprenants, comme *Vénus et Mars* de Botticelli. *La Vierge aux rochers de* Léonard de Vinci (salle 66) est un chef-d'œuvre esthétique et technique.

Ailes ouest et nord

Des œuvres de la haute Renaissance occupent l'aile ouest (1500-1600) où dominent Michel-Ange, Titien, Raphaël, le Corrège, Le Greco et Bronzino. Rubens, Rembrandt et le Caravage ornent l'aile nord (1600-1700). Remarquez les deux autoportraits de Rembrandt (à 34 ans et à 63 ans, en salle 22) et la belle *Vénus au miroir de* Vélasquez (salle 30).

Aile est

L'aile est (1700-1900) accueille les œuvres d'artistes britanniques tels que Gainsborough, Constable et Turner, et des chefs-d'œuvre impressionnistes et postimpressionnistes de Van Gogh, Renoir et Monet.

Turner

Salle 34, *Pluie, vapeur et vitesse : le grand chemin de fer de l'Ouest*, une huile sur toile signée Turner et datée de 1844, représente le pont de chemin de fer de Maidenhead et dépeint les transformations de l'époque. Cherchez le lièvre qui court.

Les Tournesols

Salle 45 figure l'un des bouquets de tournesols peints par Van Gogh fin 1888 à Arles. Ce chef-d'œuvre présente plusieurs techniques innovantes pour l'époque, tandis que l'éclat de la couleur traduit une puissante volonté d'affirmation.

★ À savoir

- Des visites guidées gratuites d'une heure partent du hall de l'aile Sainsbury à 14h du lundi au vendredi.
- L'audioguide (5 £) est vivement recommandé.
- Il existe des circuits et activités pour les enfants.
- La National Gallery ferme à 21h le vendredi.

Une petite pause ?

Non loin du musée, l'historique Gordon's Wine Bar (p. 81) sert des assiettes de fromages pour accompagner ses vins dans une cave éclairée à la bougie ou sur une terrasse ensoleillée le long de Watergate Walk.

Si vous préférez manger sur le pouce, le **National Cafe** (☎ 020-7747 2525 ; rdc, National Gallery ; menu déjeuner de 2/3 plats 20/25 £ ; ⌚ 9h30-20h30 lun-jeu, 9h30-22h ven, 9h30-18h sam-dim) réunit une cafétéria en libre-service et un bistrot.

Promenade à pied

Promenade bohème dans Soho

Si Soho se révèle le soir, le jour réserve d'autres surprises : laissez-vous charmer par son côté bohème, sa diversité, son énergie créative et son histoire. Partant de Chinatown, traversez les ruelles captivantes, les places raffinées et les marchés de rue jusqu'aux bars emblématiques du quartier.

La promenade

Départ Chinatown ; Ⓤ Leicester Sq

Arrivée French House Soho ; Ⓤ Leicester Sq

Distance 2 km

Durée 3 heures

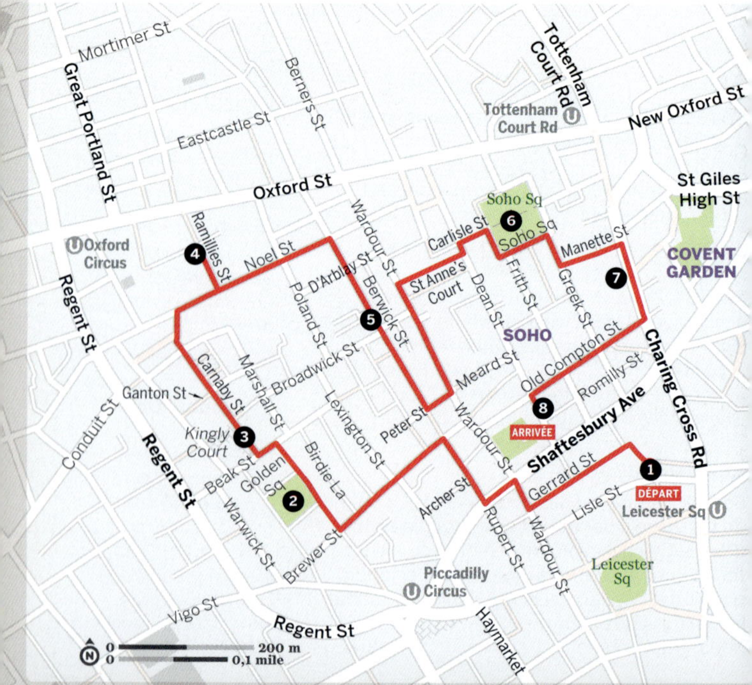

❶ Chinatown

Lisle St et Gerrard St forment le point de ralliement de la communauté chinoise de Londres. Avec sa forte concentration de boutiques de canard laqué, supermarchés de produits asiatiques et restaurants de *dim sum*, c'est un secteur animé pour manger un morceau.

❷ Golden Square

Au nord de Brewer St, cette jolie place du XVIIe siècle appartenait autrefois au quartier de Windmill Fields et a très certainement été dessinée par Christopher Wren. Diverses sculptures un peu loufoques viennent animer le paisible jardin au centre.

❸ Carnaby Street

Cette artère aux façade colorées, qui fut le haut lieu de la culture pop des Swinging Sixties, accueille aujourd'hui toutes les grandes marques de mode. Les œuvres de street art et les illuminations de Noël la rendent très photogénique.

❹ Photographers' Gallery

L'inspirante **Photographers' Gallery** (www.thephotographersgallery.org.uk ; 16-18 Ramillies St ; adulte/enfant 5 £/gratuit ; ⏲10h-18h lun-mer, ven-sam, 10h-20h jeu, 11h-18h dim) réunit des salles d'exposition sur cinq niveaux, un café et une boutique remplie de reproductions et de livres de photo. On y décerne chaque année le prestigieux Deutsche Börse Photography Prize.

❺ Berwick Street

Le regain d'intérêt pour le vinyle est manifeste dans Berwick St et sa voisine Broadwick St, dont les disquaires disposent d'anciens enregistrements allant du rock à la soul en passant par le reggae et le dubstep.

❻ Soho Square

Suivez la minuscule St Anne's Court, tournez à gauche dans Dean St où Karl Marx et sa famille vécurent au n°28 de 1851 à 1856. Obliquez ensuite à droite dans Carlisle St pour déboucher sur Soho Sq (p. 73), place où les Londiens viennent se prélasser quand le soleil est de la partie. Dessinée en 1681, elle portait à l'origine le nom de King's Square, d'où la statue de Charles II.

❼ Foyles

Par temps maussade, pourquoi ne pas passer un moment à feuilleter les ouvrages de cette librairie mythique (p. 83), qui traitent de tous les sujets imaginables. Le grand magasin de livres en langues étrangères Grant & Cutler occupe le 4e étage et le café au 5e invite à faire une pause.

❽ French House

Descendez Old Compton St jusqu'au bar French House (p. 81) qui était le point de rendez-vous des Forces françaises libres pendant la Seconde Guerre mondiale. Le général de Gaulle y serait venu plusieurs fois.

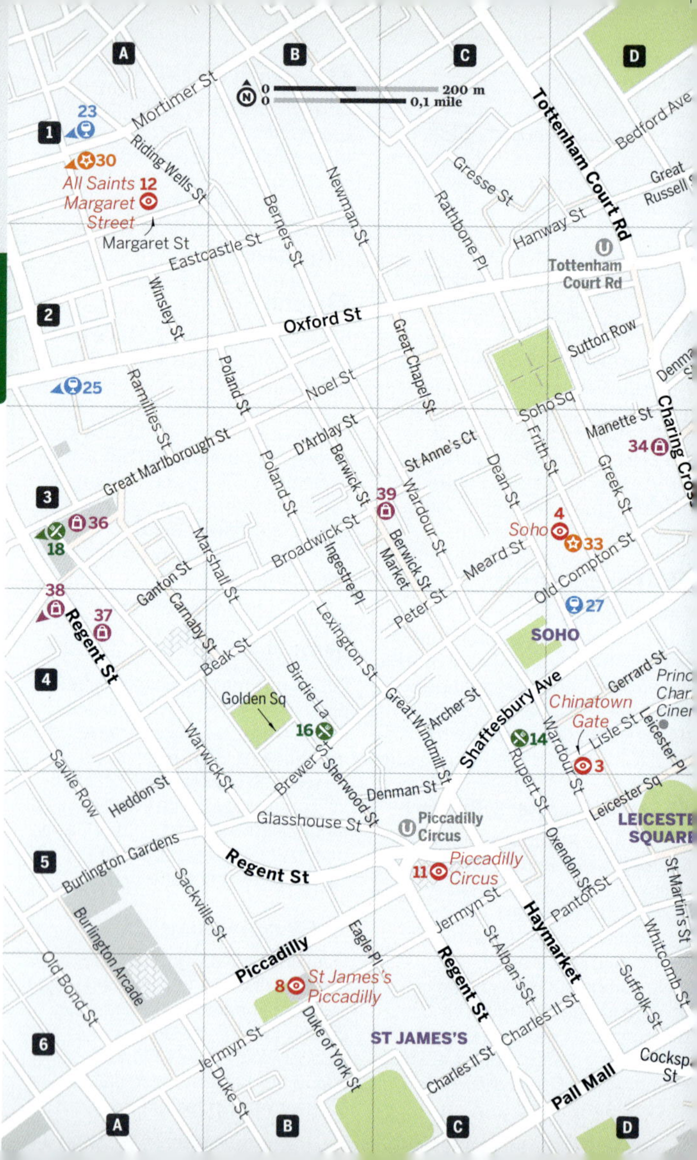
A
B
C
D
1
2
3
4
5
6
0 200 m
0 0,1 mile
Mortimer St
Riding Wells St
23
30
All Saints Margaret Street 12
Margaret St
Eastcastle St
Berners St
Newman St
Gresse St
Rathbone Pl
Tottenham Court Rd
Bedford Ave
Great Russell St
Hanway St
Tottenham Court Rd
Winsley St
Oxford St
Great Chapel St
Sutton Row
Soho Sq
25
Ramillies St
Poland St
Noel St
D'Arblay St
Great Marlborough St
Berwick St
St Anne's Ct
Dean St
Frith St
Manette St
Greek St
Charing Cross
34
39
Wardour St
Broadwick St
36
18
Marshall St
Ingestre Pl
Berwick St Market
Meard St
Soho 4
33
Old Compton St
Ganton St
Carnaby St
38
37
Regent St
Peter St
27
SOHO
Beak St
Lexington St
Golden Sq
Birdie La
16
Great Windmill St
Archer St
Shaftesbury Ave
Gerrard St
Chinatown Gate
14
Rupert St
Lisle St
Leicester Pl
3
Warwick St
Brewer St
Sherwood St
Savile Row
Heddon St
Denman St
Leicester Sq
LEICESTER SQUARE
Glasshouse St
Piccadilly Circus
Burlington Gardens
Regent St
Piccadilly Circus 11
Oxendon St
Panton St
St Martin's St
Sackville St
Burlington Arcade
Jermyn St
Haymarket
Whitcomb St
Eagle Pl
St Alban's St
Regent St
Old Bond St
Piccadilly
St James's Piccadilly 8
Suffolk St
Charles II St
Duke of York St
Jermyn St
Duke St
ST JAMES'S
Charles II St
Pall Mall
Cockspur St

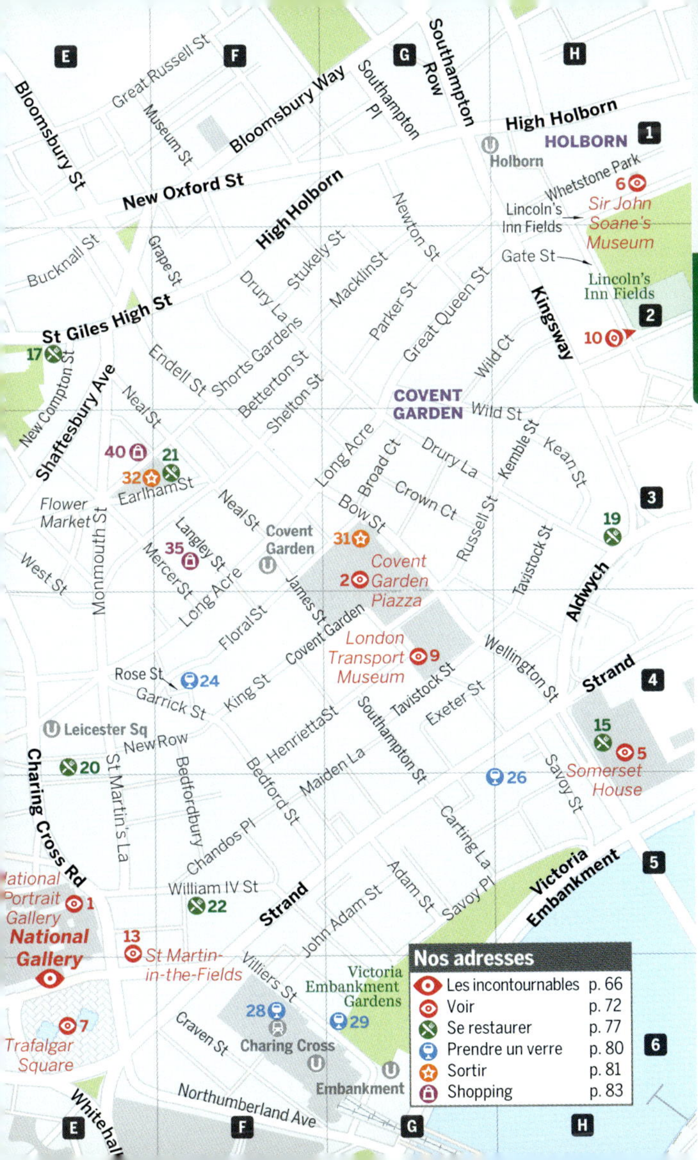
E
F
G
H
Great Russell St
Bloomsbury St
Museum St
Bloomsbury Way
Southampton Pl
Southampton Row
High Holborn
HOLBORN
Holborn
1
New Oxford St
High Holborn
Whetstone Park
6
Sir John Soane's Museum
Lincoln's Inn Fields
Gate St
Lincoln's Inn Fields
2
10
Kingsway
Bucknall St
Grape St
Stukely St
Drury La
Macklin St
Newton St
Parker St
Great Queen St
St Giles High St
17
New Compton St
Shaftesbury Ave
Endell St
Shorts Gardens
Betterton St
Shelton St
Wild Ct
COVENT GARDEN
Wild St
Neal St
40
21
32
Earlham St
Long Acre
Broad Ct
Drury La
Kemble St
Kean St
Crown Ct
3
Flower Market
Monmouth St
Neal St
Covent Garden
Bow St
31
19
Langley St
35
Mercer St
Long Acre
Covent Garden Piazza
2
Russell St
Tavistock St
Aldwych
West St
James St
Floral St
Covent Garden
London Transport Museum
9
Wellington St
Strand
4
Rose St
24
Garrick St
King St
Tavistock St
Exeter St
Leicester Sq
New Row
Henrietta St
Southampton St
15
5
Somerset House
Charing Cross Rd
20
St Martin's La
Bedfordbury
Bedford St
Maiden La
26
Savoy St
Chandos Pl
Carting La
National Portrait Gallery
1
William IV St
22
Strand
Adam St
Savoy Pl
Victoria Embankment
5
National Gallery
13
St Martin-in-the-Fields
John Adam St
Villiers St
Victoria Embankment Gardens
28
29
7
Trafalgar Square
Craven St
Charing Cross
Embankment
Northumberland Ave
Whitehall
6
Nos adresses
Les incontournables p. 66
Voir p. 72
Se restaurer p. 77
Prendre un verre p. 80
Sortir p. 81
Shopping p. 83

Voir

National Portrait Gallery

MUSÉE

1 PLAN P. 70, E5

Les personnages (souverains, savants, personnalités politiques et autres célébrités) et les artistes (Andy Warhol, Annie Leibovitz, Lucian Freud) représentés rend la visite de la National Portrait Gallery passionnante. La collection est organisée de façon chronologique et thématique. Actuellement en rénovation, le musée doit rouvrir au printemps 2023. (020-7306 0055 ; www.npg.org.uk ; St Martin's Pl ; entrée libre ; 10h-18h sam-jeu, 10h-21h ven ; U Charing Cross ou Leicester Sq)

Covent Garden Piazza

PLACE

2 PLAN P. 70, G3

Siège du marché aux fruits et légumes en gros jusqu'en 1974, la première place londonienne construite sur plan est aujourd'hui envahie de touristes qui font les boutiques sous ses pittoresques arcades, flânent entre les étals hétéroclites de l'Apple Market, regardent les spectacles de rue ou visitent l'amusant London Transport Museum (p. 75).

Le parvis de **St Paul's Church** (020-7836 5221 ; www.actorschurch.org ; Bedford St ; 8h30-17h30 lun-ven, 9h-13h dim, horaires variables sam ; U Covent Garden), traditionnelle église des comédiens, a toujours été un lieu de spectacle : le *Journal* de Samuel Pepys mentionne

Covent Garden Piazza

dès 1662 un spectacle de marionnettes (Punch et Judy). Aujourd'hui, installez-vous sur la terrasse supérieure du pub Punch & Judy pour être aux premières loges.

Un vieux panneau peint indiquant la règlementation et les tarifs applicables aux marchands est toujours visible dans une ruelle du côté nord et des photos en noir et blanc de l'ancien marché d'alimentation couvrent les murs des passages étroits.

En juin se déroule la très loufoque Rent Ceremony, au cours de laquelle le président et les membres du trust de Covent Garden, accompagnés de musiciens et d'un crieur public, défilent sur la place pour remettre aux propriétaires fonciers un loyer symbolique composé de cinq pommes rouges et de cinq bouquets de fleurs. (☎ 020-7420 5856 ; www.coventgarden.london ; U Covent Garden)

Chinatown Gate

QUARTIER

3 ◎ PLAN P. 70, D4

Au nord-ouest de Leicester Square mais à des années-lumière en termes d'ambiance, cette porte monumentale peinte de couleurs vives et coiffée d'un double toit de tuiles marque l'entrée de Chinatown. Peu étendu – il ne couvre que Lisle St et Gerrard St –, le quartier chinois de Londres ne manque toutefois pas d'intérêt avec ses panneaux calligraphiés, ses lanternes rouges au-dessus des rues, ses restaurants et ses commerces typiques où la clientèle se bouscule. La qualité de la cuisine est variable, mais il y a l'embarras du choix, des établissements de *dim sum* ou de nouilles aux tables plus élaborées.

Lors des célébrations du Nouvel An lunaire, fin janvier ou début février, le secteur entre en ébullition. Le premier Chinatown londonien se trouvait initialement à Limehouse, dans l'East End, victime des bombardements pendant la Seconde Guerre mondiale. (www.chinatown.co.uk ; Wardour St ; U Leicester Sq)

Soho

QUARTIER

4 ◎ PLAN P. 70, D3

Le nom de Soho vient d'un cri de chasse hérité de l'époque où le secteur était couvert de pâturages, pas de lieux festifs. Si la vie nocturne s'est largement déplacée vers l'est, entraînant la fermeture de clubs et salles de concerts cultes, le quartier continue de donner toute sa mesure le soir et demeure une enclave gay assumée. Pour autant, il fait également bon s'y promener en journée.

À l'extrémité nord s'étendent les pelouses arborées de Soho Square, une place créée en 1681 sous le nom de King's Square, où se dresse une statue de Charles II. Au centre, un petit cottage à colombages d'esprit Tudor a été construit dans les années 1870 pour servir de remise de jardinier, tandis qu'un abri antiaérien de la Seconde Guerre mondiale se cache sous terre.

Au sud de la place, Dean St, bordée de restaurants et de bars, accueillit de 1851 à 1856 Karl Marx et sa famille au n°28. Il y écrivit *Le Capital*.

Épicentre du village gay de Soho, Old Compton St regorge de bars et de boutiques coquines. Il s'en dégage une sympathique ambiance générale qui plaît à tous.

Non loin, Greek St eut pour résident l'écrivain britannique Thomas de Quincey (1785-1859), séducteur et opioman notoire, tandis que le n°20 de Frith St accueillit Mozart durant toute l'année 1764. (U Tottenham Court Rd ou Leicester Sq)

Somerset House ÉDIFICE HISTORIQUE

5 PLAN P. 70, H4

Dessinée en 1775 par William Chambers pour les administrations royales, la prestigieuse Somerset House néoclassique abrite aujourd'hui la collection de peintures (et d'objets d'art) Courtauld (XIVe-XXe siècle). Outre la Courtauld Gallery, le bâtiment abrite les Embankment Galleries dédiées aux expositions temporaires (photographie, design et mode principalement), des restaurants et des cafés. En été, la cour centrale accueille des spectacles, les séances de cinéma en plein air du **Film4 Summer Screen** (☎ 0333 320 2836 ; billets à partir de 19 £ ; ⌚ août) et des fontaines dansantes pour rafraîchir les enfants. En hiver, une patinoire prend le relais. (☎ 020-7845 4600 ; www.somersethouse.org.uk ; The Strand ; ⌚ cour 7h30-23h ; U Temple)

Sir John Soane's Museum MUSÉE

6 PLAN P. 70, H1

Aménagé dans la splendide demeure georgienne de l'architecte sir John Soane (1753-1837), ce petit musée captivant présente les œuvres d'art, pièces archéologiques et curiosités accumulés par celui-ci et témoignent de son raffinement excentrique. (☎ 020-7405 2107 ; www.soane.org ; 13 Lincoln's Inn Fields ; entrée libre ; ⌚ 10h-17h mer-dim ; U Holborn)

Trafalgar Square PLACE

7 PLAN P. 70, E6

Trafalgar Square représente véritablement le centre de Londres. Ouverte au public en 1844, c'est la place de tous les rassemblements, où se réunissent des milliers de fêtards pour le Nouvel An et où convergent tous les habitants pour les célébrations de Noël ou les manifestations politiques. Elle est dominée par la colonne Nelson de 52 m, gardée par quatre lions de bronze et entourée de superbes édifices, dont la National Gallery (p. 66) et l'église St Martin-in-the-Fields (p. 77). (U Charing Cross ou Embankment)

Fourth Plinth Project

Trois des quatre socles situés aux angles de Trafalgar Square supportent d'éminents personnages : le roi George IV à cheval et des militaires, le général sir Charles Napier et le major général sir Henry Havelock. Le dernier, prévu à l'origine pour accueillir la statue de Guillaume IV, est resté vacant pendant plus de 150 ans. En 1999, la Royal Society of Arts a créé la Fourth Plinth Commission et décidé de dédier cet espace à des œuvres d'artistes contemporains. Les œuvres, exposées pendant 18 mois dans "le plus petit parc de sculptures du monde", sont toujours amusantes et créent un contraste volontaire avec le cadre majestueux de Trafalgar Square.

St James's Piccadilly — ÉGLISE

8 PLAN P. 70, B6

C'est l'unique église (1684) entièrement conçue par Christopher Wren et l'une des rares à être bâtie sur un nouvel emplacement (la plupart des églises de Londres ont remplacé celles détruites lors du Grand Incendie). Dans cet édifice simple, Wren a délaissé les habituelles fioritures de ses plus célèbres églises en faveur de la chaleur et de l'élégance. Les fonts baptismaux, dont le pied représente Adam et Ève, et le retable de l'autel sont de Grinling Gibbons. (020-7734 4511 ; www.sjp.org.uk ; 197 Piccadilly ; 8h-20h ; U Piccadilly Circus)

London Transport Museum — MUSÉE

9 PLAN P. 70, G4

Hébergé dans l'ancienne halle du marché aux fleurs de Covent Garden, ce musée ludique et très complet explique le développement de la ville grâce aux progrès des transports. Il expose toutes sortes de moyens de locomotion, de l'omnibus hippomobile aux vieux wagons de métro en passant par le bus à impériale, dans lesquels on peut parfois monter. La boutique vend des souvenirs originaux, dont des affiches de métro d'autrefois et des coussins fabriqués dans la même matière que les sièges des rames. (020-7379 6344 ; www.ltmuseum.co.uk ; Covent Garden Piazza ; adulte/enfant 18 £/gratuit ; 10h-18h ; ; U Covent Garden)

Lincoln's Inn — ÉDIFICE HISTORIQUE

10 PLAN P. 70, H2

Lincoln's Inn, l'un des quatre Inns of Court (collèges de formation des avocats et juristes) de Londres, a conservé sa chapelle de 1623 dessinée par Inigo Jones. Sa place agréable et ses

Piccadilly Circus

jardins propices à la promenade, en particulier tôt le matin ou en fin de journée, ajoutent au charme. Fermé au public mais visible à travers les grilles, le Old Hall conserve des bâtiments du XVe siècle, et la Lincoln's Inn Gatehouse (33 Chancery Lane), est une porte monumentale de style Tudor. (☎020-7405 1393 ; www.lincolnsinn.org.uk ; Lincoln's Inn Fields, Serle St ; ⏲jardins 7h-19h lun-ven, chapelle 9h-17h lun-ven ; U Holborn)

Piccadilly Circus PLACE

11 PLAN P. 70, C5

Lorsqu'il a imaginé Regent St et Piccadilly dans les années 1820, John Nash souhaitait qu'elles soient les rues les plus élégantes de Londres. Contraint toutefois de se plier aux exigences des urbanistes, il dut abandonner certaines de ses ambitions. Nul doute qu'il serait surpris par ce qu'est aujourd'hui Piccadilly Circus : une place noyée sous un flot constant de voitures et de visiteurs, et ornée de panneaux publicitaires dernier cri. Un joyeux tintamarre ! (U Piccadilly Circus)

All Saints Margaret Street ÉGLISE

12 PLAN P. 70, A1

Remarquable exemple d'architecture victorienne néogothique, cette église dessinée en 1859 par William Butterfield présente un somptueux décor intérieur de peintures, vitraux, marbres et dallages. L'English Heritage l'a classée en 2004 parmi les dix édifices emblématiques du pays, aux côtés de l'abbaye de Westminster et de la Christ Church d'Oxford. (020-7636 1788 ; www.allsaintsmargaretstreet.org.uk ; 7 Margaret St ; 7h-19h lun, mar, jeu et ven, 8h30-19h mer, 11h-19h sam ; U Oxford Circus)

St Martin-in-the-Fields ÉGLISE

13 PLAN P. 70, E5

Cette église royale est une exquise fusion des styles néoclassique et baroque. Conçue par l'architecte James Gibbs, elle fut achevée en 1726 et servit de modèle pour de nombreuses églises en bois de Nouvelle-Angleterre. Elle est réputée pour ses excellents concerts (9-32 £), donnés souvent à la lueur des chandelles, et ses liens étroits avec la communauté chinoise (services en anglais, mandarin et cantonais). (020-7766 1100 ; www.stmartin-in-the-fields.org ; Trafalgar Sq ; 8h30-18h lun-ven, 9h18h sam-dim ; U Charing Cross)

Se restaurer

Palomar ISRAÉLIEN ££

14 PLAN P. 70, C4

Encensé et pris d'assaut depuis le jour de son inauguration, ce restaurant israélien/levantin aux airs de *diner* américain est le lieu d'expérimentations constantes de la part des chefs qui opèrent derrière le comptoir en zinc. Des plats originaux comme le poulpe glacé aux dattes servi avec de la harissa ou le labné à la betterave et sa vinaigrette persillée mettent les papilles en fête.

Il est possible d'obtenir un ou deux des 16 tabourets du bar au déjeuner en retenant peu de temps à l'avance, mais il faut s'y prendre plus tôt pour avoir une table le midi ou le soir. (020-7439 8777 ; www.thepalomar.co.uk ; 34 Rupert St ; plats 14-16 £ ; 12h-14h30 et 17h30-23h lun-sam, 12h30-15h30 et 18h-21h dim ; ; U Piccadilly Circus)

Spring BRITANNIQUE £££

15 PLAN P. 70, H4

Murs blancs, colonnes et lustres à globes, plus quelques bouquets composent le décor de cet ancien salon victorien de la Somerset House (p. 74). La chef australienne Skye Gyngell et son équipe bannissent le plastique à usage unique et proposent en début de soirée un menu de 3 plats (25 £) à base de produits qui finiraient autrement à la poubelle. Les desserts sont mythiques. (020-3011 0115 ; www.springrestaurant.co.uk ; New Wing, Somerset House, Lancaster Pl ; plats 29-33 £, formule déjeuner de 2/3 plats 29/32 £ ; 12h-14h30 et 17h30-22h30 lun-sam ; U Temple)

Kiln THAÏ ££

16 PLAN P. 70, B4

Couronné meilleur restaurant du Royaume-Uni en 2018, ce petit grill thaïlandais fait des merveilles dans son étroite cuisine sous l'œil des convives assis au comptoir. L'offre réduite joue la carte des petites assiettes à partager entre amis pour goûter un peu de tout. Le curry de cou de bœuf et les vermicelles cuits au four dans une cocotte en terre se distinguent. (www.kilnsoho.com ; 58 Brewer St ; plats 4,50-14 £ ; 12h-15h et 17h-23h lun-jeu, 12h-23h ven-sam, 12h-21h dim ; U Piccadilly Circus)

Kanada-Ya

RAMEN £

17 PLAN P. 70, E2

Parmi les prétendants au titre de meilleur restaurant de *ramen* de Londres, nous votons pour cette petite cantine très courue devant laquelle la queue peut être impressionnante (pas de réservation). Les nouilles, cuites dans un riche bouillon d'os de porc (*tonkotsu*) plein de saveur sont parfaites. (020-7240 0232 ; www.kanada-ya.com ; 64 St Giles High St ; plats 11-13 £ ; 12h-15h et 16h-22h lun-dim ; U Tottenham Court Rd)

Foyer & Reading Room at Claridge's

BRITANNIQUE £££

18 PLAN P. 70, A3

Fréquenté par la bonne société du West End depuis 1856, le luxueux restaurant du Claridge's offre un cadre éblouissant, rehaussé de miroirs Art déco et d'une sculpture en verre de Dale Chihuly. Si la cuisine brille par son raffinement à tous repas, on y vient surtout pour grignoter les canapés et les pâtisseries du "*so british*" thé de l'après-midi sur le mode aristocratique. Tenue élégante exigée. (020-7107 8886 ; www.claridges.co.uk ; Brook St ; afternoon tea 70 £, avec champagne 80-90 £ ; 7h-23h lun-sam, 8h-23h dim, afternoon tea 14h45-17h30 ; ; U Bond St)

The Delaunay

EUROPÉEN ££

19 PLAN P. 70, H3

Cet établissement sélect très 1900, tapissé de sombres lambris, rappelle les grands cafés d'Europe centrale. Les escalopes viennoises, les saucisses et le poisson dominent la carte, qui affiche aussi de la tarte flambée alsacienne (fine pâte à pain recouverte de crème fraîche, d'oignons et de lard) et un *Tagesteller* (plat du jour). À côté se trouve le **Delaunay Counter** (soupes et sandwichs 7,50-8,50 £ ; 7h-20h30 lun-ven, 10h30-20h30 sam, 11h-17h30 dim), plus décontracté. (020-7499 8558 ; www.thedelaunay.com ; 55 Aldwych ; plats 19-26 £ ; 7h-23h lun-ven, 8h-23h sam, 9h-22h dim ; ; U Temple ou Covent Garden)

J Sheekey

POISSON, FRUITS DE MER £££

20 PLAN P. 70, E4

Perle de Covent Garden, cette table très chic fut créée dans les années 1890 par le poissonnier Josef Sheekey à la demande de Lord Salisbury, qui voulait un endroit où se restaurer après le théâtre. On y savoure au

Milhojas, Barrafina

calme toutes les richesses de la mer, finement cuisinées, entre les boiseries de quatre salles spacieuses. (☎020-7240 2565 ; www.j-sheekey.co.uk ; 28-32 St Martin's Ct ; plats 27-36 £ ; menus de 2/3 plats 25/30 £ ; ⏰12h-15h et 17h-minuit lun-sam, 12h-15h30 et 17h30-22h30 dim ; wifi ; U Leicester Sq)

Seven Dials Market

CUISINE DE RUE £

21 PLAN P. 70, F3

Dans un ancien entrepôt de bananes (d'où le logo), ce complexe de restauration de rue sur deux niveaux propose des nourritures très diverses : tacos végans (Club Mexicana), plats japonais (Nanban), accords fromages et vins (Pick & Cheese)... Le soleil filtre à travers les verrières en journée tandis que de la musique live anime la soirée. (www.sevendialsmarket.com ; Earlham St ; ⏰11h-23h lun-sam, 12h-22h30 dim ; U Covent Garden)

Barrafina

TAPAS ££

22 PLAN P. 70, F5

Comme il n'est pas possible de réserver, préparez-vous à attendre parfois près d'une heure dans ce restaurant de tapas réputé. Les exquises bouchées (poivron *piquillo* rôti, travers de porc ibérique, artichauts grillés au charbon de bois...) vous récompenseront cependant de votre patience. Groupes de 4 personnes maximum. Quelques tables sur le trottoir. (☎020-7440 1456 ; www.barrafina.co.uk ;

Le West End sans se ruiner

Londres, et le West End en particulier, peut se révéler une destination onéreuse, mais il existe nombre d'astuces pour les petits budgets. Beaucoup de grands musées étant gratuits, préférez-les aux curiosités plus commerciales. Le West End couvre une superficie peu étendue : déplacez-vous à pied, en bus (moins cher que le métro) ou louez un vélo **Santander Cycle** (☎0343 222 6666 ; www.tfl.gov.uk/modes/cycling/santander-cycles) à la journée. Enfin, rendez-vous dans les bars en début de soirée afin de profiter de l'happy hour.

10 Adelaide St ; tapas 4-7 £, portions plus grandes 9-17 £ ; 🕐12h-15h et 17h-23h lun-sam ; U Embankment ou Leicester Sq)

Prendre un verre

Artesian — BAR À COCKTAILS

23 PLAN P. 70, A1

Pour une touche orientale, direction le bar somptueux de l'hôtel Langham, réputé l'un des meilleurs au monde pour ses cocktails (à partir de 20 £) maintes fois primés. L'établissement doit son nom au puits artésien de 110 m de profondeur situé en-dessous. (☎020-7636 1000 ; www.artesian-bar.co.uk ; Langham Hotel, 1c Portland Pl ; 🕐11h-1h lun-mer, 11h-2h jeu-sam, 11h-minuit dim ; wifi ; U Oxford Circus)

Lamb & Flag — PUB

24 PLAN P. 70, F4

Ce mouchoir de poche toujours très fréquenté – il faut se frayer un passage parmi la foule massée devant la porte – brille par son cachet historique. Un pub s'élève en effet à cet endroit depuis 1772. Il s'appelait alors le Cooper's Arms et organisait des combats de boxe. ☎020-7497 9504 ; www.lambandflagcoventgarden.co.uk ; 33 Rose St ; 🕐11h-23h lun-sam, 12h-22h30 dim ; U Covent Garden)

Magritte Bar — BAR À COCKTAILS

25 PLAN P. 70, A2

Venez siroter un bourbon ou un cocktail classique dans un cadre Art déco sophistiqué au bar de l'emblématique hôtel Beaumont, qui fait penser à un club privé sans pour autant être guindé. Bien que récent, il semble exister depuis les années jazz. (www.thebeaumont.com/dining/american-bar ; Beaumont, Brown Hart Gardens ; 🕐11h30-minuit lun-sam, 11h30-23h dim ; wifi ; U Bond St)

American Bar — BAR À COCKTAILS

26 PLAN P. 70, H5

Ce bar d'hôtel iconique ne manque pas de séduction avec ses lignes Art déco et son piano jazz tous les soirs à partir de 18h30. Les cocktails de la maison (20 à 5 000 £ pour le Sazerac à base de cognac de 1858) ont des noms inspirés de la programmation musicale du Savoy tels que Home of the Lonely Street ou Concrete Jungle. (020-7836 4343 ; www.fairmont.com/savoy-london/dining/americanbar ; The Savoy Hotel, Strand ; 11h30-minuit lun-sam, 12h-minuit dim ; ; U Temple, Charing Cross ou Embankment)

French House

PUB

27 PLAN P. 70, D4

Cette adresse bohème était le point de rendez-vous des Forces françaises libres durant la Seconde Guerre mondiale. Le général de Gaulle y serait venu plusieurs fois, et Dylan Thomas, Peter O'Toole et Francis Bacon y ont passé des soirées bien arrosées. On y croise toujours des gens du théâtre et des médias. (020-7437 2477 ; www.frenchhousesoho.com ; 49 Dean St ; 12h-23h lun-sam, 12h-22h30 dim ; U Leicester Sq)

Heaven

CLUB GAY

28 PLAN P. 70, F6

La popularité des concerts et événements de ce club situé sous les arcades de Charing Cross ne se dément pas depuis 1979. L'excellente soirée mixte Popcorn a lieu le lundi, les fêtes G-A-Y les jeudi (G-A-Y Porn Idol), vendredi (G-A-Y Camp Attack) et samedi (G-A-Y classique). (020-7930 2020 ; www.heavennightclub-london.com ; Villiers St ; 23h-5h lun, 23h-4h jeu-ven, 22h30-5h sam ; U Embankment ou Charing Cross)

Gordon's Wine Bar

BAR À VINS

29 PLAN P. 70, G6

Sans doute le plus vieux bar à vins de Londres, le Gordon's fondé en 1890, est hélas victime de son succès. À moins d'arriver avant la sortie des bureaux, inutile d'espérer obtenir une table dans sa vaste salle à l'éclairage tamisé. On y déguste de bons crus français, italiens, espagnols et du Nouveau Monde, dont certains bio, à accompagner de planches de fromage et de charcuterie, entre autres. (020-7930 1408 ; www.gordonswinebar.com ; 47 Villiers St ; 11h-23h lun-sam, 12h-22h dim ; U Embankment ou Charing Cross)

Sortir

Wigmore Hall

MUSIQUE CLASSIQUE

30 PLAN P. 70, A1

Construite en 1901, cette salle de concert reste l'une des meilleures de Londres pour écouter de la musique classique. C'est aussi l'une des plus dynamiques (quelque 460 spectacles par an) et des plus appréciées, à la fois pour son acoustique exceptionnelle, la diversité de sa programmation et son décor

Cinéma bon marché dans le West End

Le prix des places de cinéma à Leicester Square est très élevé, attendez donc que les films arrivent au **Prince Charles Cinema** (plan p. 70, D4 ; 020-7494 3654 ; www.princecharlescinema.com ; 7 Leicester Pl ; U Leicester Sq), la salle la moins chère du centre de Londres (9 à 11,50 £). Au programme également : minifestivals, rencontres avec des réalisateurs, reprises, marathons nocturnes, et séances de karaoké (16 £) sur des films comme *La Reine des neiges*, *La Mélodie du bonheur* ou *The Rocky Horror Picture Show*.

Art nouveau. (020-7935 2141 ; www.wigmore-hall.org.uk ; 36 Wigmore St ; U Bond St)

Royal Opera House

OPÉRA

31 PLAN P. 70, G3

Assister à un opéra ou à un ballet dans cette salle de 1858 jouxtant Covent Garden Piazza est la promesse d'une soirée somptueuse. Si la programmation inclut aussi des productions modernes, les grands classiques interprétés par des artistes de renommée internationale constituent toujours l'attraction majeure. Plusieurs cafés, bars et restaurants sur place, certains ouverts aux non-spectateurs. (020-7304 4000 ; www.roh.org.uk ; Bow St ; boutique-cadeau et café à partir de 10h ; U Covent Garden)

Donmar Warehouse

THÉÂTRE

32 PLAN P. 70, E3

Depuis la prise de fonctions du nouveau directeur artistique Michael Longhurst, ce "théâtre intello" de 250 places monte des pièces plus provocatrices et moins axées sur les têtes d'affiche que la plupart des salles du West End. (020-3282 3808 ; www.donmarwarehouse.com ; 41 Earlham St ; U Covent Garden)

Ronnie Scott's

JAZZ

33 PLAN P. 70, D3

Ouvert en 1959 par le saxophoniste britannique Ronnie Scott, ce club s'est taillé la réputation de meilleure boîte de jazz du pays. Après avoir reçu de grosses pointures comme Miles Davis, Charlie Parker, Ella Fitzgerald, Sarah Vaughan et Count Basie, il continue de mettre à l'honneur des célébrités aux côtés de nouveaux talents. Réservez ou optez pour un concert moins formel au Upstairs @ Ronnie's. (020-7439 0747 ; www.ronniescotts.co.uk ; 47 Frith St ; 18h-3h lun-sam, 12h-16h et 18h30-minuit dim ; U Leicester Sq ou Tottenham Court Rd)

Royal Opera House

Shopping

Foyles

LIVRES

34 PLAN P. 70, D3

Si la mythique librairie londonienne occupe désormais des locaux bien conçus qui changent du fouillis d'autrefois, on peut toujours y dénicher les ouvrages les plus obscurs. Grant & Cutler, la plus grande enseigne de livres en langues étrangères du Royaume-Uni, occupe le 4e étage et un café vous attend au 5e. (020-7434 1574 ; www.foyles.co.uk ; 107 Charing Cross Rd ; 9h30-21h lun-sam, 12h-18h dim ; U Tottenham Court Rd)

Stanfords

LIVRES

35 PLAN P. 70, F3

Spécialisée depuis 1853 dans les cartes, les guides, la littérature de voyage et les globes terrestres, cette librairie fait figure de véritable curiosité. L'explorateur de l'Antarctique Ernest Shackleton ou David Livingstone y ont fait leurs emplettes. En 2019, Stanfords a quitté le bâtiment sur Long Acre qui l'hébergeait depuis 1901 pour cette nouvelle adresse juste au coin de la rue. (020-7836 1321 ; www.stanfords.co.uk ; 7 Mercer Walk ; 9h-20h lun-sam, 12h-18h dim ; U Leicester Sq ou Covent Garden)

Liberty

GRAND MAGASIN

36 PLAN P. 70, A3

Derrière sa façade à colombages néo-Tudor reconnaissable entre toutes, ce grand magasin de luxe abrite des rayons dédiés à la mode, aux cosmétiques, à la décoration et surtout aux tissus fleuris qui ont fait sa réputation, le tout à des prix stratosphériques. Un foulard imprimé Liberty demeure l'un des souvenirs types de Londres. (020-7734 1234 ; www.libertylondon.com ; Regent St, entrée sur Great Marlborough St ; 10h-20h lun-sam, 11h30-18h dim ; ; U Oxford Circus)

Hamleys JOUETS

37 PLAN P. 70, A4

Le plus grand magasin de jouets du monde, sur six niveaux, se targue aussi d'être le plus ancien. À chaque étage, les vendeurs manipulent les articles devant des enfants captivés. Il y a aussi un café au 5e et une confiserie. (0371 704 1977 ; www.hamleys.com ; 188-196 Regent St ; 10h-21h lun-ven, 9h30-21h sam, 12h-18h dim ; ; U Oxford Circus)

Vivienne Westwood MODE ET ACCESSOIRES

38 PLAN P. 70, A4

Doyenne engagée de l'esthétique punk et new-wave, la styliste Vivienne Westwood a toujours suscité la controverse avec ses collection audacieuses, innovantes et provocatrices où les bustiers en dentelle inspirés du XIXe siècle côtoient le tartan et les chaussures à semelles compensées. (020-7439 1109 ; www.viviennewestwood.com ; 44 Conduit St ; 10h-18h lun-mer, ven-sam, 10h-19h jeu, 12h-17h dim ; U Bond St ou Oxford Circus)

Neal's Yard Dairy

Regent Street

Regent Street marque la frontière entre le quartier populaire de Soho et le très huppé Mayfair. Imaginée par John Nash, elle avait pour vocation initiale de relier Carlton House, la résidence du prince régent aujourd'hui disparue, à Regent's Park. L'architecte dut toutefois revoir son projet à la baisse et construire l'artère en suivant une courbe.

Il s'agit aujourd'hui d'une rue commerçante fréquentée aux jolis édifices classés. Hamleys, le premier magasin de jouets de Londres, en est l'enseigne phare. Dès mi-novembre, Regent St se distingue aussi par ses illuminations de Noël, allumées en grande pompe.

Sounds of the Universe

MUSIQUE

39 PLAN P. 70, C3

La boutique du label Soul Jazz Records, qui explore la musique noire et exhume de véritables pépites dans ses compilations culte. Les fétichistes du vinyle adoreront les nombreuses rééditions de disques rares. (020-7734 3430 ; www.soundsoftheuniverse.com ; 7 Broadwick St ; 10h-19h30 sam, 11h30-17h30 ; U Oxford Circus, Tottenham Court Rd)

Neal's Yard Dairy

ALIMENTATION

40 PLAN P. 70, E3

Cette boutique démontre que l'Angleterre et l'Irlande peuvent produire des fromages de haute qualité. Vous aurez le choix entre plus de 70 variétés, dont des productions fermières, que vous pourrez même goûter. Condiments, pickles, confitures et chutneys sont également proposés. (020-7240 5700 ; www.nealsyarddairy.co.uk ; 17 Shorts Gardens ; 10h-19h lun-sam ; U Covent Garden)

BEDFORD SQUARE

Explorer

British Museum et Bloomsbury

Bloomsbury apporte une touche de quiétude au centre de Londres. British Museum, British Library, maisons d'édition, pubs littéraires et squares georgiens : ce quartier littéraire est empreint de culture, mais une culture accessible à tous. On peut passer la journée au British Museum, mais le quartier recèle bien d'autres richesses, dont d'excellents pubs et restaurants.

Notre sélection

- ***British Museum (p. 88)**. Un voyage captivant à travers des millénaires de civilisations anciennes.*
- ***British Library (p. 96)**. La gardienne des trésors de la langue anglaise.*
- ***Wellcome Collection (p. 96)**. Un musée unique en son genre où la science rencontre l'art.*
- ***Coal Drops Yard (p. 97)**. Des bâtiments industriels réhabilités au cœur du projet de rénovation de King's Cross.*
- ***London Review Bookshop (p. 104)**. Une excellente librairie aux choix éclectiques.*

Comment y aller et circuler

U Prenez le métro jusqu'à Tottenham Court Rd (Northern Line ou Central Line), Goodge St (Northern Line), Russell Sq (Piccadilly Line) ou Euston Sq (Circle Line, Hammersmith & City Line et Metropolitan Line).

Pour le British Museum et Russell Sq, prenez le bus n°7 (24h/24) le long d'Oxford St ; le bus n°91 relie Whitehall/Trafalgar Sq à la British Library.

Plan du quartier p. 94

Bedford Square (p. 93) WILLY BARTON/SHUTTERSTOCK ©

Les incontournables

British Museum

Site le plus visité de Grande-Bretagne, le British Museum attire chaque année 5,8 millions de visiteurs. Avec ses 90 galeries et leurs 80 000 objets exposés, il offre un voyage captivant à travers des millénaires de civilisations anciennes, de l'Égypte à l'Asie occidentale, en passant par le Moyen-Orient, Rome, la Grèce, l'Inde, l'Afrique, la Grande-Bretagne préhistorique et romaine, et le Moyen Âge.

PLAN P. 94, C7

020-7323 8000

www.britishmuseum.org

Great Russell St

entrée libre

10h-17h30 sam-jeu, 10h-20h30 ven

U Tottenham Court Rd ou Russel Sq

Histoire du musée

Le musée fut fondé en 1753 lorsque le médecin royal Hans Sloane vendit son "cabinet de curiosités" pour 20 000 £, une coquette somme à l'époque. Ouverte gratuitement au public en 1759, la collection n'a cessé depuis de s'agrandir grâce à des acquisitions, des legs et des pillages impériaux controversés.

Great Court

Couverte d'un toit de verre et d'acier imaginé par Norman Foster en 2000, la cour est la première chose que l'on voit en arrivant. C'est la plus grande place publique couverte d'Europe. En son centre, la célèbre **Reading Room** (salle de lecture), actuellement fermée, a été fréquentée par des esprits réputés, du Mahatma Gandhi à Karl Marx.

Enlightenment Galleries

Ex-King's Library, cette splendide "galerie des Lumières" néoclassique (salle 1) fut édifiée entre 1823 et 1827. Sa collection captivante retrace l'émergence de disciplines comme la biologie, l'archéologie, la linguistique et la géographie au XVIIIe siècle.

Égypte ancienne

L'étage renferme la collection de l'Égypte ancienne, élément phare du musée. Elle comprend des sculptures, des bijoux, des papyrus, des cercueils et des momies, dont la belle et fascinante **momie de Katebet** (salle 63). La pièce maîtresse du musée est sans doute la célèbre **pierre de Rosette** (salle 4), découverte lors de l'expédition d'Égypte par Napoléon et qui permit à Jean-François Champollion de déchiffrer les hiéroglyphes. Cette même galerie abrite aussi l'énorme **buste du pharaon Ramsès II** (salle 4).

★ À savoir

- Le musée possède deux entrées : dans Great Russell St et sur Montague Pl (généralement moins bondée).
- N'essayez pas de voir toutes les sections du musée ; il y a plus de 5 km de couloirs. Sélectionnez plutôt une ou deux périodes ou civilisations.

Une petite pause ?

À l'issue de la visite, rechargez vos batteries à l'**Abeno** (www.abeno.co.uk ; 47 Museum St ; plats 13-21 £ ; 12h-22h ; U Holborn) tout proche, qui sert de délicieuses crêpes et des spécialités japonaises.

Pour une expérience plus traditionnelle, tentez le *cream tea* du **Tea & Tattle** (www.teaandtattle.com ; 41 Great Russell St ; afternoon tea pour 1/2 19/38 £ ; 9h-18h lun-ven, 12h-16h sam ; ; U Tottenham Court Rd), de l'autre côté de la rue.

À la conquête du musée

Le British Museum est immense, d'où l'intérêt d'y effectuer si possible plusieurs visites ciblées. Il existe des circuits *Eye-opener* (30 min, gratuit) des différentes galeries, des conférences à l'heure du déjeuner et un circuit *Around the World* (1 heure 30, 14 £, nombre de participants limité). Audioguides en 10 langues (adulte/enfant 7/6 £), disponibles au comptoir dans la Great Court. Des kits d'activités pour les enfants (par âge) sont distribués au comptoir *Families Desk*, dans le Great Hall.

Trésors assyriens

Parmi les trésors assyriens de la Mésopotamie ancienne figurent les **taureaux ailés de Khorsabad** (salle 10), qui pèsent 16 tonnes. Derrière, les délicats bas-reliefs de la **chasse au lion de Ninive** (salle 10), sculptés au VIIe siècle av. J.-C., ont influencé la sculpture grecque. Des vestiges antiques qui revêtent une importance encore plus grande depuis la destruction de la cité archéologique de Nimroud (Irak) par Daech en 2015.

Sculptures du Parthénon

Élément majeur du musée (salle 18), la frise en marbre de 80 m représente les Grandes Panathénées, une fête organisée tous les quatre ans en l'honneur de la déesse grecque Athéna.

Trésor de Mildenhall et homme de Lindow

À l'étage, place aux découvertes faites en Grande-Bretagne et dans le reste de l'Europe (salles 40 à 51). Beaucoup remontent à l'époque romaine, lorsque l'Empire s'étendait sur presque tout le continent. Mis au jour à Suffolk, le **trésor de Mildenhall** (Mildenhall Treasure, salle 49) est composé d'une trentaine de pièces d'argenterie romaine datant du IVe siècle. L'**homme de Lindow** (Lindow Man, salle 50) découvert dans une tourbière près de Manchester, en 1984, est un témoin précieux de la vie au Ier siècle.

Bateau-tombe

Les objets funéraires du bateau-tombe de Sutton Hoo (salle 41) qui accompagnaient dans l'au-delà le chef anglo-saxon du Suffolk au VIIe siècle, sont un autre élément incontournable du musée.

Figurines de Lewis

Ces jolies **pièces d'échiquier** (salle 40) du XIIe siècle, sculptées dans de l'ivoire de morse et des dents de baleine, font partie des 82 découvertes au début du XIXe siècle sur une île écossaise reculée des Hébrides.

Agrandissement du musée

Le World Conservation & Exhibitions Centre, une extension ouverte en 2014, abrite les services scientifiques, mais aussi un nouvel espace pour les expositions temporaires.

British Museum

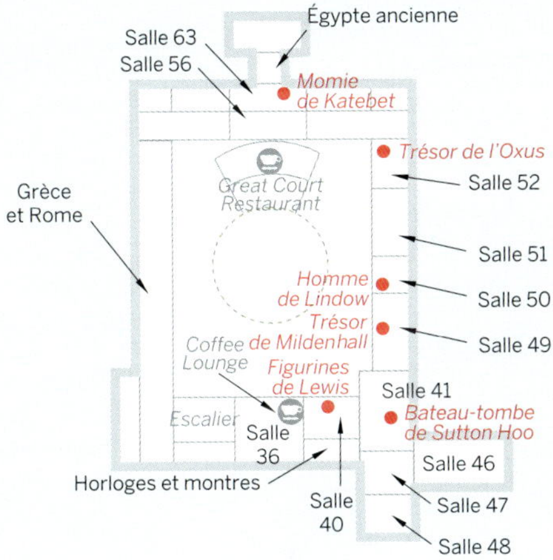

1er étage

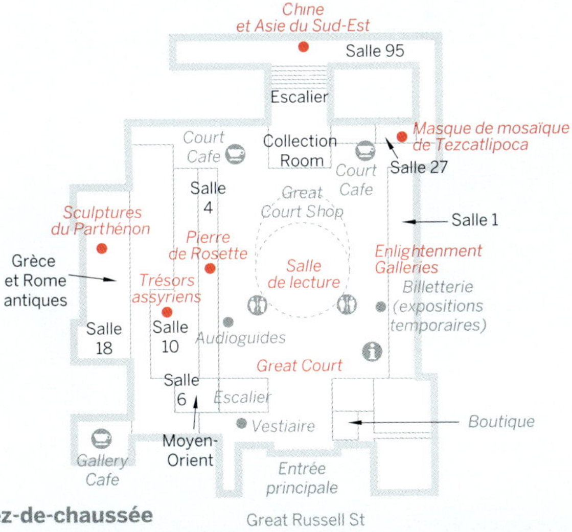

Rez-de-chaussée

Promenade à pied

Flânerie littéraire dans Bloomsbury

Bloomsbury sera pour toujours étroitement associé aux cercles littéraires qui vivaient autrefois dans cette partie de la ville. Charles Dickens, Virginia Woolf, T.S. Eliot, J.M. Barrie, W.B. Yeats, Sylvia Plath et d'autres illustres représentants de la littérature anglaise ont donné leur nom à de beaux édifices ou à de charmantes places du quartier.

La promenade

Départ Bedford Sq ; Ⓤ Goodge St

Arrivée Museum Tavern ; Ⓤ Holborn ou Tottenham Court Rd

Distance 1,8 km

Durée 2 à 3 heures

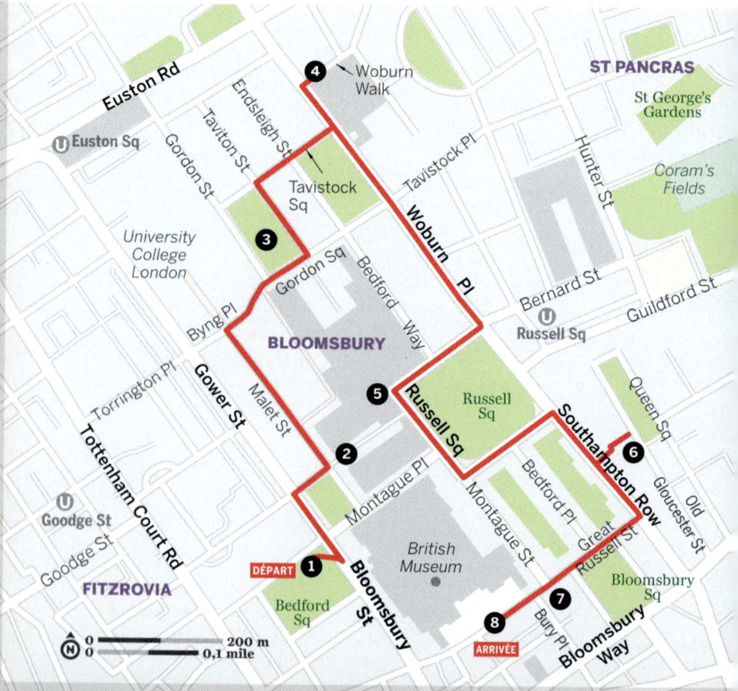

❶ Bedford Square

Superbe condensé du patrimoine culturel et architectural de Bloomsbury, Bedford Square est le square georgien le mieux préservé de Londres. Le siège de la maison d'édition Bloomsbury se trouve au n°50. Sir Anthony Hope Hawkins, auteur du *Prisonnier de Zenda*, a vécu au n°41, tandis qu'au 7 Gower St, juste à côté, nacquit la confrérie préraphaélite, en 1848.

❷ Senate House

Le long de Malet St, la splendide mais intimidante Senate House de style Art déco a hébergé le ministère de l'Information pendant la Seconde Guerre mondiale, ce qui inspira à George Orwell le ministère de la Vérité de son célèbre roman *1984*. Sa femme travailla à la commission de censure entre 1939 et 1942.

❸ Gordon Square

Autrefois privé, ce square constitue désormais un havre de paix où les Londoniens viennent s'asseoir pour lire, bavarder ou manger leur sandwich au soleil. Des plaques bleues distinguent les immeubles alentour jadis habités par des sommités littéraires.

❹ Woburn Walk

Le poète et dramaturge irlandais W.B. Yeats a vécu au 5 Woburn Walk, une élégante petite rue juste au sud de l'église St Pancras. Grande figure de la renaissance littéraire celtique, Yeats passa de nombreuses années à Londres.

❺ Faber & Faber

Les bureaux de la maison d'édition Faber & Faber occupaient l'angle nord-ouest de Russell Sq, et sont signalés par une plaque bleue au nom du poète et dramaturge américain T.S. Eliot, qui y fut conseiller littéraire. Les jardins, au centre de Russell Sq, sont parfaits pour s'accorder une pause.

❻ St George the Martyr

C'est dans l'église du XVIIIe siècle St George the Martyr en face du pub historique Queen's Larder (p. 102) à l'extrémité sud de Queen Square, que Ted Hughes et Sylvia Plath se sont mariés, le 16 juin 1956. Le couple a choisi la date en hommage à James Joyce .

❼ Shopping littéraire

Que serait Bloomsbury sans une bonne librairie ? La London Review Bookshop (p. 104), associée au magazine littéraire *London Review of Books*, est l'une des meilleures de Londres. Un endroit où passer des heures à fouiner dans les rayonnages, avant de se plonger dans ses nouveaux achats au café.

❽ Museum Tavern

Karl Marx avait coutume de boire une pinte à la Museum Tavern (p. 102) après une longue journée de travail dans la salle de lecture du British Museum. Ce joli pub traditionnel organisé autour d'un long comptoir a autant la faveur des universitaires et des étudiants que des touristes.

Nos adresses
Les incontournables p. 88
Voir p. 96
Se restaurer p. 98
Prendre un verre p. 101
Sortir p. 103
Shopping p. 104
0 200 m
0 0,1 mile
A
B
C
D
E
F
1
2
3
4
CAMDEN TOWN
SOMERS TOWN
ST PANCRAS
PENTONVILLE
Camden High St
Camden St
Royal College St
Crowndale Rd
St Pancras Way
St Pancras Gardens
Oakley Sq
Mornington Cres
Hampstead Rd
Eversholt St
Cranleigh St
Werrington St
Chalton St
Charrington St
Purchese St
Polygon Rd
Phoenix Rd
Drummond Cres
Doric Way
Churchway
Upper Woburn Pl
Euston Sq
Euston
Euston Rd
Melton St
Euston St
Drummond St
Ossulston St
Pancras Rd
Camley St
Coal Drops Yard 5
Stable St
Granary Square 6
12
10
King's Blvd
St Pancras International (Eurostar)
Midland Rd
King's Cross
King's Cross St Pancras
Gare et hôtel St Pancras 3
British Library 1
11
Duke's Rd 4
25
Flaxman Tce
Cartwright Gdns
Hastings St
Judd St
Leigh St
Bidborough St
Tonbridge St
Argyle St
St Chad's St
St Pancras
23
York Way
Wharfdale Rd
London Canal Museum 7
Balfe St
Caledonian Rd
Killick St
Calshot St
Collier St
Rodney St
Donegal St
Pentonville Rd
15
17
24
King's Cross Rd
Penton Rise
Wicklow St
Swinton St
Acton St
Grays Inn Rd
Argyle St
Cromer St
Harrison St
Sidmouth St
Ampton St
Cubitt St
Gt Percy St
Wharton St
Lloyd Baker St
King's Cross Rd

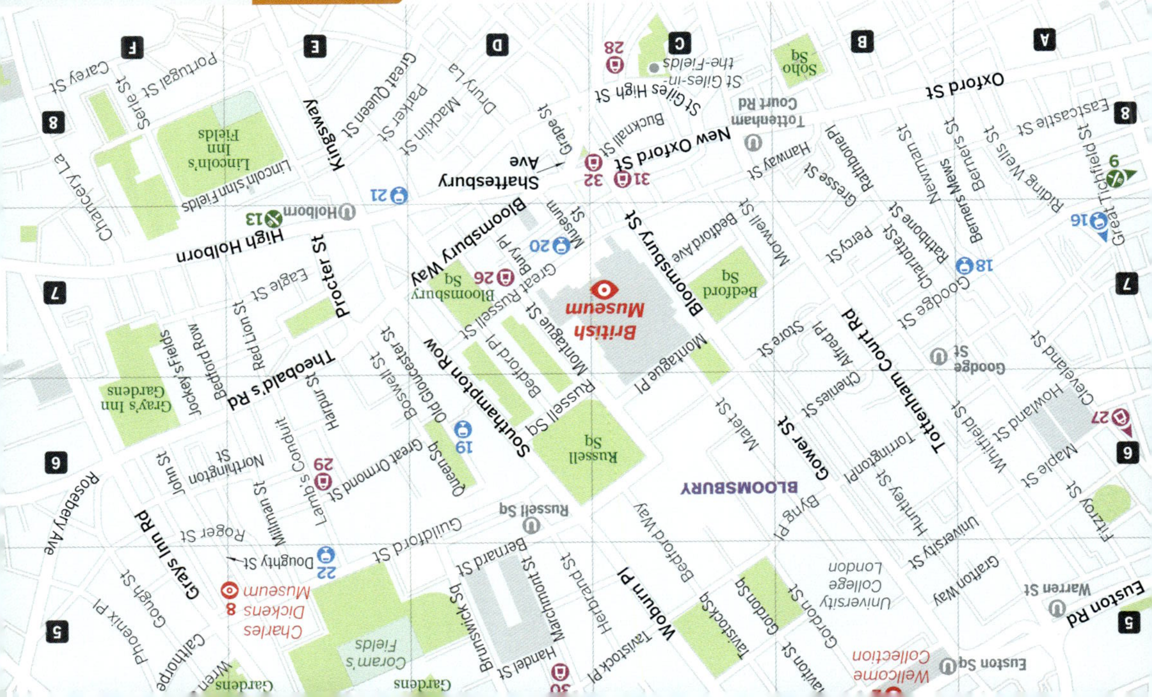
British Museum
BLOOMSBURY
Charles Dickens Museum
Wellcome Collection
University College London
Russell Sq
Bedford Sq
Bloomsbury Sq
Lincoln's Inn Fields
Gray's Inn Gardens
Coram's Fields
Soho Sq
Tavistock Sq
Gordon Sq
Queen Sq
St Giles-in-the-Fields
Holborn
Tottenham Court Rd
Goodge St
Russell Sq
Euston Sq
Warren St
Oxford St
New Oxford St
High Holborn
Shaftesbury Ave
Bloomsbury Way
Bloomsbury St
Southampton Row
Tottenham Court Rd
Gower St
Woburn Pl
Euston Rd
Grays Inn Rd
Theobald's Rd
Kingsway
Procter St
Rosebery Ave
Chancery La
Great Queen St
Drury La
Great Russell St
Montague Pl
Malet St
Bedford Way
Guilford St
Lamb's Conduit St
Great Ormond St
Red Lion St
Bedford Row
Jockey's Fields
Charlotte St
Goodge St
Great Titchfield St
A
B
C
D
E
F
5
6
7
8
8
9
13
16
18
19
20
21
22
26
27
28
29
30
31
32

Voir

British Library

BIBLIOTHÈQUE

1 PLAN P. 94, C3

Constitué de bâtiments bas en brique autour d'une vaste esplanade où trône une imposante statue en bronze à l'effigie d'Isaac Newton, la British Library conçu par Colin St John Wilson est une vraie réussite architecturale. Achevée en 1998, elle abrite des documents rares, comme le *Codex Sinaiticus* (un des deux plus anciens manuscrits de la Bible), des carnets de notes de Léonard de Vinci et un exemplaire de la *Magna Carta* (1215). (0330-333 1144 ; www.bl.uk ; 96 Euston Rd ; entrée libre ; 9h30-20h lun-jeu, 9h30-18h ven, 9h30-17h sam, 11h-17h dim ; U King's Cross St Pancras)

Wellcome Collection

MUSÉE

2 PLAN P. 94, B5

Cet ingénieux musée souligne les liens entre l'art, la science et la médecine, à travers notamment la collection de curiosités médicales (scies pour amputation, forceps, amulettes, etc.) de sir Henry Wellcome. La galerie Medicine Man, où est présentée sa collection décrit les préoccupations universelles pour la santé et le corps à travers les civilisations. Dans la galerie Being Human, des installations interactives et œuvres provocantes amènent à réfléchir

British Library

sur l'humanité et les découvertes de la science. (020-7611 2222 ; www.wellcomecollection.org ; 183 Euston Rd ; entrée libre ; 10h-18h mar, mer, ven-dim, 10h-21h jeu ; U Euston Sq ou Euston)

Gare et hôtel St Pancras

ÉDIFICE HISTORIQUE

3 PLAN P. 94, D3

Devant la splendeur néogothique de St Pancras (1868), on a du mal à croire que le Midland Grand Hotel soit resté à l'abandon des années durant et ait failli être démoli dans les années 1960. Abritant aujourd'hui un hôtel cinq étoiles, 67 appartements de luxe et le terminal Eurostar, St Pancras a retrouvé sa gloire passée. Des visites guidées (24 £ ; 10h30, 12h, 14h, 15h30 sam-dim) retracent toute l'histoire de l'édifice. (020-7843 7688 ; www.stpancras.com ; Euston Rd ; U King's Cross St Pancras)

St Pancras

ÉGLISE

4 PLAN P.94, C4

Lors de son achèvement en 1822, St Pancras était la plus grande église construite à Londres depuis la cathédrale Saint-Paul. De style néoclassique, elle possède un clocher inspiré de la tour des Vents d'Athènes, un portique de six colonnes ioniques et des cariatides comme celles de l'Érechthéion de l'Acropole. La crypte accueille des expositions d'art et des concerts gratuits ont lieu le jeudi à 13h15. (020-7388 1461 ; www.stpancraschurch.org ; angle Euston Rd et Upper Woburn Pl ; 8h-18h lun-ven, 7h30-11h30 et 17h30-19h dim ; U Euston)

Internet et café à la bibliothèque

Si ses livres sont bien à l'abri dans les salles de lecture réservées aux seuls membres, la British Library permet de faire une pause au calme. Équipé du Wi-Fi, le bâtiment renferme des cafés, un restaurant et des lieux d'expositions temporaires.

Coal Drops Yard

CENTRE COMMERCIAL

5 PLAN P. 94, C1

Dernier secteur du quartier post-industriel de King's Cross à avoir été réhabilité, ce complexe commercial sur deux niveaux épouse la courbe du Regent's Canal, juste à l'ouest de Granary Square. Il occupe les bâtiments en brique construits en 1851 et 1860 où le charbon était déchargé des wagons de chemin de fer pour être placé dans des chariots. Longtemps à l'abandon, le site fut le théâtre de rave-parties dans les années 1980. Aujourd'hui, boutiques de mode, bars et restaurants partagent l'espace avec des installations artistiques temporaires. (www.coaldropsyard.com ; Bagley Walk ; variables selon les commerces ; U King's Cross St Pancras)

Granary Square — PLACE

6 PLAN P. 94, D1

Situé dans un coude du Regent's Canal au nord de la gare de King's Cross, Granary Square est au cœur d'un important projet de réaménagement d'entrepôts désaffectés s'étendant sur 27 ha. Les 1 080 jets d'une fontaine jaillissent et s'illuminent en rythme sur la place. Par temps chaud, l'endroit se transforme en plage urbaine très fréquentée. (www.kingscross.co.uk ; Stable St ; U King's Cross St Pancras)

London Canal Museum — MUSÉE

7 PLAN P. 94, E2

Ce petit musée retrace l'histoire de Regent's Canal et décrit la vie des familles vivant et travaillant sur le long réseau de canaux de Londres. Dans les écuries, l'exposition à l'étage porte sur l'histoire du transport fluvial et les travaux récents tels que le nettoyage de la rivière Lea pour les Jeux olympiques de 2012. Le musée occupe un entrepôt de 1857, où l'on stockait autrefois de la glace dans deux puits profonds. (☎ 020-7713 0836 ; www.canalmuseum.org.uk ; 12-13 New Wharf Rd ; adulte/enfant 5/2,50 £ ; 10h-16h30 mar-dim et lundis fériés ; U King's Cross St Pancras)

Charles Dickens Museum — MUSÉE

8 PLAN P. 94, E5

Charles Dickens résida avec sa famille dans cette belle maison georgienne de quatre étages de 1837 à 1839, période féconde durant laquelle il écrivit *Les Aventures de Mr Pickwick*, *Nicholas Nickleby* et *Oliver Twist*. La douzaine de chambres, certaines reconstituées comme du temps de l'écrivain, contiennent des souvenirs et effets personnels. On peut notamment voir, dans le bureau, le secrétaire sur lequel l'auteur rédigea *Les Grandes Espérances*, publié entre 1860 et 1861 (☎ 020-7405 2127 ; www.dickensmuseum.com ; 48-49 Doughty St ; adulte/enfant 9,50/4,50 £ ; 10h-17h mar-dim, plus lun en déc ; U Russell Sq ou Chancery Lane)

Se restaurer

Chiltern Firehouse — EUROPÉEN MODERNE £££

9 PLAN P. 94, A8

Le restaurant de l'hôtel du même nom installé dans une ancienne caserne de pompiers en brique rouge (1889) est devenu l'une des tables les plus en vogue de Londres. Il a été créé par le chef Nuno Mendes, expert en cuisine fusion. Réservez longtemps à l'avance pour avoir la chance de goûter des plats tels que le colin aux cœurs de poireaux ou la bisque de crabe rehaussée de sauce XO chinoise. (☎ 020-7073 7676 ; www.chilternfirehouse.com ; 1 Chiltern St ; plats 32-42 £ ; 7h-10h30, 12h-15h et 17h30-22h30 lun-ven, 8h-15h et 18h-22h30 sam, 8h-15h et 18h-22h dim ; wifi ; U Baker St ou Bond St)

St Giles-in-the-Fields : une histoire de la misère

Érigée dans ce qui était autrefois la campagne entre la Cité de Londres et Westminster, **St Giles-in-the-Fields** (plan p. 94, C8 ; 020-7240 2532 ; www.stgilesonline.org ; 60 St Giles High St ; 9h-16h30 lun-ven ; U Tottenham Court Rd) ne paie pas de mine mais son histoire est une chronique des habitants les plus misérables de Londres. L'église actuelle (1733) est la troisième construction sur l'emplacement d'une chapelle bâtie au XIIe siècle pour servir de léproserie.

Jusqu'en 1547, lorsque l'hôpital ferma, les prisonniers qui allaient être exécutés à la potence de Tyburn Tree s'arrêtaient à la porte de l'église et buvaient une grande chope d'*ale* – leur dernier rafraîchissement – dans le St Giles's Bowl. À partir de 1650, les prisonniers étaient enterrés dans l'enceinte de l'église. St Giles fut aussi le foyer de la grande peste de 1665.

À l'époque victorienne, c'était le plus sordide bidonville de Londres, souvent mentionné dans les romans de Dickens. Aujourd'hui, les toxicomanes qui traînent dans le quartier donnent malheureusment parfois la sensation que les choses n'ont pas vraiment changé.

L'église renferme (côté nord) une intéressante relique : le pupitre blanc utilisé pendant 40 ans par John Wesley, le fondateur du méthodisme.

Ruby Violet

GLACES £

10 PLAN P. 94, D1

Ce glacier se démarque par des parfums très originaux (*chai masala*, framboise et patate douce) ainsi que des garnitures et des nappages chauds maison. Les vendredi et samedi soir, le Pudding Club permet de savourer mini-omelettes norvégiennes ou fondants au chocolat chauds. On peut déguster le tout sur place ou près de la fontaine de Granary Square (p. 97). (020-7609 0444 ; www.rubyviolet.co.uk ; Midlands Goods Shed, 3 Wharf Rd ; 1 boule 3 £ ; 11h-19h lun-mar, 11h-22h mer-dim ; ; U King's Cross St Pancras)

Roti King

MALAISIEN £

11 PLAN P. 94, B3

L'enseigne au néon de ce minuscule restaurant en sous-sol ne dit rien qui vaille, mais la queue dément cette impression. La spécialité, le *roti canai* (5-6,50 £), un pain plat friable typiquement malaisien, est accompagnée de savoureux bols de curry. Enfin une option bon marché qui change des sandwichs et salades ! (020-7387 2518 ; rotiking.has.restaurant ; 40 Doric Way ; plats 5-7,50 £ ; 12h-15h et 17h-22h30 lun-ven, 12h-22h30 sam ; ; U Euston)

Caravan

INTERNATIONAL ££

12 PLAN P. 94, C1

Premier locataire du projet de réhabilitation de King's Cross en 2012, ce vaste restaurant au chic industriel marie harmonieusement les saveurs du monde entier sous les hauts plafonds du Granary Building. Les clients ont le choix entre tapas à partager et plats de résistance. La terrasse sur Granary Square est très convoitée à la belle saison et les cocktails font fureur. (☎ 020-7101 7661 ; www.caravanrestaurants.co.uk ; 1 Granary Sq ; petites assiettes 7,50-9 £, plats 17,50-19 £ ; 8h-22h30 lun-ven, 10h-22h30 sam, jusqu'à 16h dim ; ; U King's Cross St Pancras)

Holborn Dining Room

BRITANNIQUE MODERNE ££

13 PLAN P. 94, E7

La brasserie de l'hôtel Rosewood London – mobilier en chêne, banquettes en cuir rouge et miroirs anciens – revisite avec brio la cuisine anglaise. À défaut de goûter la poitrine de porc rôtie du Suffolk, la tourte de mouton au curry ou le burger de crevettes, on peut s'accouder au grand comptoir en cuivre et choisir parmi quelque 500 sortes de gin et 30 tonics. (☎ 020-3747 8633 ; www.holborndiningroom.com ; 252 High Holborn ; plats 20-26 £ ; 7h-22h30 lun-ven, 7h30-22h30 sam-dim ; U Holborn)

North Sea Fish Restaurant

FISH & CHIPS ££

14 PLAN P. 94, D4

Référence du *fish and chips* depuis 1977, le North Sea prépare de gros filets de plie, flétan, sole et autres poissons frits ou grillés qu'il sert avec de copieuses portions de frites. Le comptoir de vente à emporter, une alternative à la salle sans prétention, ferme généralement 30 minutes plus tard. (☎ 020-7387 5892 ; www.northseafishrestaurant.co.uk ; 7-8 Leigh St ; plats 14-22 £ ; 12h-14h30 mar-sam, 17h-22h lun-sam, 17h-21h30 dim ; U Russell Sq)

Bar Pepito

TAPAS £

15 PLAN P. 94, D3

Cette minuscule bodega andalouse sert exclusivement des tapas et du xérès (vin blanc espagnol). Le personnel expert saura vous conseiller sur les meilleures associations de tapas, en particulier parmi l'excellente sélection de jambons et de fromages. Pour une expérience complète, laissez-vous tenter par une dégustation de xérès soigneusement sélectionnés. (☎ 020-7841 7331 ; www.camino.uk.com/restaurant/bar-pepito ; 3 Varnishers Yard, The Regent's Quarter ; tapas 2,50-15 £ ; 17h-minuit lun-ven, 18h-minuit sam ; U King's Cross St Pancras)

Prendre un verre

Purl

BAR À COCKTAILS

16 PLAN P. 94, A7

Un bar en sous-sol plein de recoins à l'éclairage tamisé, avec des murs en brique apparente, du vieux bois, des sièges capitonnés et des souvenirs du temps du cinéma muet. Mousses, arômes, garnitures improbables et verres sur mesure donnent aux cocktails d'hier et d'aujourd'hui une touche de créativité.

L'établissement n'ayant que des places assises, mieux vaut réserver plusieurs jours à l'avance – venez le mercredi si vous aimez le jazz. (020-7935 0835 ; www.purl-london.com ; 50-54 Blandford St ; 17h-23h30 lun-jeu, 17h-minuit ven-sam ; U Baker St ou Bond St)

Drink, Shop & Do

BAR

17 PLAN P. 94, D3

À la fois bar, café, centre d'activités et même discothèque (au sous-sol), cette adresse originale, à l'abri d'anciens bains publics victoriens, se veut éclectique pour séduire une clientèle variée. Retenez en tout cas qu'il y a toujours à boire (que ce soit du thé ou du gin), de la musique et diverses animations allant de la danse à la construction de robots en Lego ! (020-7278 4335 ; www.drinkshopdo.co.uk ; 9 Caledonian Rd ; 10h30-minuit lun-jeu, 10h30-2h ven-sam, 10h30-18h dim ; ; U King's Cross St Pancras)

Charles Dickens Museum (p. 98)

London Cocktail Club

BAR À COCKTAILS

18 PLAN P. 94, A7

Les graffitis sur les murs, les lampes au-dessus du comptoir et l'ambiance bruyante confèrent un petit côté new-yorkais à ce confortable bar en sous-sol juste au nord d'Oxford St. Si vous préférez boire assis, arrivez tôt ou louez l'une des alcôves privées, car on s'y bouscule. Longue carte de cocktails, dont de nombreuses créations maison. (020-7580 1960 ; www.londoncocktailclub.co.uk/goodge-street ; 61 Goodge St ; 16h30-minuit lun-sam ; U Goodge St)

Queen's Larder

PUB

19 PLAN P. 94, D6

Le "garde-manger de la reine" doit son nom à la reine Charlotte, épouse du roi George III le Fou, qui loua une partie de la cave du pub afin d'y entreposer des provisions pour son mari hospitalisé non loin de là. Doté d'un bar, d'une salle à l'étage et de quelques tables dehors, ce lieu sympathique propose des plats très *british* (assiette de Spam, frites et *baked beans*, par exemple) de 12h à 15h. (020-7837 5627 ; www.queenslarder.co.uk ; 1 Queen Sq ; 11h30-23h lun-ven, 12h-23h sam, 12h-22h30 dim ; U Russell Sq)

Museum Tavern

PUB

20 PLAN P. 94, D7

Cet établissement ouvert en 1723 a désaltéré bien des intellectuels de retour d'une séance de travail dans la salle de lecture du British Museum, à commencer par Karl Marx, George Orwell et Sir Arthur Conan Doyle. Avec ses sombres boiseries, son verre gravé et ses vitraux de la fin de l'époque victorienne, il a la faveur des universitaires et des étudiants autant que des touristes. On y mange une cuisine de pub du type *pies*, burgers et *Sunday roast*. (020-7242 8987 ; 49 Great Russell St ; 11h-23h30 lun-jeu, 11h-minuit ven-sam, 12h-22h30 dim ; ; U Holborn ou Tottenham Court Rd)

Princess Louise

PUB

21 PLAN P. 94, E8

Enseigne de la brasserie Sam Smith's, ce superbe pub de 1872 a conservé son décor victorien : comptoir central en forme de fer à cheval, lambris et plafonds en métal gaufré. Ses alcôves séparées par des *snob screens* – des panneaux pivotant en bois et verre gravé qui isolaient les clients aisés du bas peuple – permettent de s'assoir à l'abri des regards. Restauration de 12h à 14h30 du lundi au vendredi et de 18h à 20h30 du lundi au jeudi (plats 8-12 £). (020-7405 8816 ; 208 High Holborn ; 11h-23h lun-ven, 12h-23h sam, 12h-18h45 dim ; U Holborn)

The Lamb

PUB

22 PLAN P. 94, E5

Son comptoir central en acajou surmonté de *snob screens* et ses murs tapissés de lithographies

Les déroutants codes postaux de Londres

Si la numérotation des 20 arrondissements de Paris s'organise selon une spirale logique, Londres affiche un plan plus déroutant. Et l'on se demande bien pourquoi les secteurs SE23 et SE6 sont limitrophes.

Lors de leur introduction en 1858, les codes postaux étaient assez clairs, tous les points cardinaux étaient représentés, ainsi que le Centre-Est et le Centre-Ouest (EC et WC). Les problèmes commencèrent peu après quand NE fusionna avec E, et S avec SE et SW. Puis, durant la Première Guerre mondiale, un système de numérotation fut créé pour les nouveaux employés au tri (les employés habituels étant au front). Le n°1 correspondait au centre de chaque zone, mais les autres nombres suivaient l'ordre alphabétique des noms de quartier. Ainsi, un quartier dont l'initiale est au début de l'alphabet, comme Chingford dans East London, avait un chiffre bas (E4), même s'il se trouvait à des kilomètres du centre, à Whitechapel (E1), tandis que Poplar, qui borde Whitechapel, correspond à E14. Bref, une chatte n'y retrouverait pas ses petits !

anciennes en font l'archétype du pub londonien comme on les aime. Sirotez votre bière Young's Bitter sur les banquettes capitonnées vert bouteille ou dans le *beer garden* de l'arrière-cour. (020-7405 0713 ; www.thelamblondon.com ; 94 Lamb's Conduit St ; 11h-23h lun-mer, 11h-minuit jeu-sam, 12h-22h30 dim ; U Russell Sq)

Euston Tap

BAR

23 PLAN P. 94, B4

Ce spécialiste de la bière occupe une immense structure en pierre près d'Euston Station. Les amateurs ont le choix entre 15 *ales* et 28 bières, plus quelque 150 variétés en bouteille. Prenez place sur le trottoir, empruntez l'étroit escalier en colimaçon menant à l'étage ou prenez une bouteille à emporter. (020-3137 8837 ; www.eustontap.com ; 190 Euston Rd ; 12h-23h30 lun-jeu, 12h-minuit ven-sam, 12h-22h dim ; U Euston)

Sortir

Scala

MUSIQUE LIVE

24 PLAN P. 94, E3

Créé en 1920, en plein âge d'or du cinéma, le Scala s'est quelque peu égaré du côté du porno dans les années 1970 avant d'être transformé en club et salle de concerts au début des années 2000. C'est aujourd'hui l'un des lieux les plus prisés pour découvrir des groupes intimistes ou danser lors de soirées thématiques. (☎020-7833 2022 ; www.scala.co.uk ; 275 Pentonville Rd ; U King's Cross St Pancras)

The Place

DANSE

25 PLAN P. 94, C4

Haut lieu de la scène culturelle londonienne The Place programme des chorégraphies contemporaines et expérimentales. Derrière la façade victorienne, se cachent un théâtre de 300 places, un café et une douzaine de studios de répétition. (☎020-7121 1100 ; www.theplace.org.uk ; 17 Duke's Rd ; U Euston Sq)

Shopping

London Review Bookshop

LIVRES

26 PLAN P. 94, D7

La librairie phare de la revue littéraire bimensuelle *London Review of Books* ne fait pas dans les hautes piles de best-sellers mais propose un large choix de titres vendus à quelques exemplaires. Elle accueille souvent des conférences et abrite une charmante pâtisserie. (☎020-7269 9030 ; www.londonreviewbookshop.co.uk ; 14 Bury Pl ; 10h-18h30 lun-sam, 12h-18h dim ; U Holborn)

Daunt Books

LIVRES

27 PLAN P. 94, A6

Cette librairie édouardienne aux boiseries en chêne, galeries et verrières d'origine se distingue des autres enseignes Daunt de Londres par son magnifique décor. (☎020-7224 2295 ; www.dauntbooks.co.uk ; 83 Marylebone High St ; 9h-19h30 lun-sam, 11h-18h dim ; U Baker St)

Forbidden Planet

BD

28 PLAN P. 94, C8

Temple de la BD, littérature de science-fiction, horreur et fantasy. Un véritable rêve pour tout amateur de manga, de titres inclassables et d'objets de science-fiction et fantasy. (☎020-7420 3666 ; www.forbiddenplanet.com ; 179 Shaftesbury Ave ; 10h-19h lun-mar, 10h-19h30 mer, ven-sam, 10h-20h jeu, 12h-18h dim ; U Tottenham Court Rd)

Persephone Books

LIVRES

29 PLAN P. 94, E6

Spécialiste des œuvres littéraires peu connues écrites par des femmes depuis le milieu du XXe siècle, Persephone Books creuse son sillon. Romans, nouvelles, mémoires ou journaux intimes : tous les livres ont la même jaquette grise mais un marque-page distinctif. (☎020-7242 9292 ; www.persephonebooks.co.uk ; 59 Lamb's Conduit St ; 10h-18h lun-ven, 11h-17h sam, 12h-16h dim ; U Russell Sq)

Gay's the Word

LIVRES

30 PLAN P. 94, D5

Véritable institution communautaire, la première librairie spécifiquement gay

London Review Bookshop

et lesbienne du Royaume-Uni vend depuis 1979 un large choix d'ouvrages, certains introuvables ailleurs, et organise fréquemment des groupes de discussion. (☎ 020-7278 7654 ; www.gaystheword.co.uk ; 66 Marchmont St ; ⌚ 10h-18h30 lun-sam, 14h-18h dim ; U Russell Sq)

Royal Mile Whiskies ALCOOL

31 🛍 PLAN P. 94, C8

Tenue par des connaisseurs qui dispensent volontiers leurs conseils, cette petite boutique sélecte propose des whiskys produits en Écosse, en Irlande, aux États-Unis et ailleurs dans le monde. Elle assure un service d'expédition. (☎ 020-7436 4763 ; www.royalmilewhiskies.com ; 3 Bloomsbury St ; ⌚ 10h-18h30 lun-sam, 12h-17h dim ; U Tottenham Court Rd)

James Smith & Sons Umbrellas MODE ET ACCESSOIRES

32 🛍 PLAN P. 94, C8

Grâce au climat londonien, ce magasin qui fabrique et stocke des parapluies (et des cannes) d'une rare élégance depuis 1830 a encore de beaux jours devant lui. Il va sans dire que la qualité des articles a un prix. La belle devanture d'autrefois justifie à elle seule le détour. (☎ 020-7836 4731 ; www.james-smith.co.uk ; 53 New Oxford St ; ⌚ 10h-17h45 lun-mar et jeu-ven, 10h30-17h45 mer, 10h-17h15 sam ; U Tottenham Court Rd)

Explorer

Cathédrale Saint-Paul et la City

Le cœur du vieux Londres revêt deux visages : fourmillant d'employés de bureau en semaine, il est quasi désert le week-end. Longtemps, la ville toute entière fut contenue entre ses robustes remparts, démolis au XVIIIe siècle. Si le présent millénaire a vu fleurir dans le Square Mile d'audacieux gratte-ciel, la cathédrale Saint-Paul et la Tour de Londres témoignent toujours du lointain passé de la capitale britannique.

Notre sélection

- ***Tour de Londres (p. 112)***. *Une forteresse millénaire qui protège les magnifiques joyaux de la Couronne.*
- ***Cathédrale Saint-Paul (p. 108)***. *La plus célèbre église de Londres, coiffée d'un dôme impressionnant.*
- ***Museum of London (p. 118)***. *L'histoire de Londres de ses origines à nos jours.*
- ***Sky Garden (p. 118)***. *Le panorama sur les gratte-ciel ultramodernes de Londres depuis le jardin urbain au sommet du "Walkie Talkie".*
- ***City Social (p. 120)***. *Cuisine étoilée au Michelin et point de vue vertigineux.*

Comment y aller et circuler

U La City est desservies par 7 lignes de métro et par le DLR.

De nombreuses lignes de bus passent par les grands axes de la City.

Thames Clippers assure des liaisons en bateau au départ du Tower Millennium Pier et du Blackfriars Pier.

Plan du quartier p. 116

Cathédrale Saint-Paul (p. 108) MARIA AVVAKUMOVA/SHUTTERSTOCK ©

Les incontournables

Cathédrale Saint-Paul

L'étincelant chef-d'œuvre coiffé d'un dôme gris de sir Christopher Wren domine majestueusement la City du haut de Ludgate Hill. Érigée entre 1675 et 1710, après les ravages du Grand Incendie de Londres, Saint-Paul fut la première cathédrale au monde pourvue d'une coupole à triple enveloppe, qui offre aujourd'hui encore un sublime panorama sur la ville. D'illustres citoyens reposent dans sa crypte.

PLAN P. 116, D4
020-7246 8357
www.stpauls.co.uk
St Paul's Churchyard
adulte/enfant 20/8,50 £
8h30-16h30 lun-sam
U St Paul's

Dôme

Wren voulait réaliser un dôme imposant à l'extérieur mais plus modeste à l'intérieur. Il fallait donc le construire en trois parties : une coupole interne en brique recouverte de plâtre un dôme de plomb ornemental à l'extérieur, et un cône en brique qui puisse les maintenir entre eux. Cette structure unique, inspirée de Saint-Pierre de Rome, fut le coup de maître de Wren. Trois niveaux de galeries, accessibles par 528 marches, font le tour de la coupole.

Whispering Gallery

Entrez par la porte ouest du transept sud, où 257 marches conduisent 30 m plus haut à la galerie intérieure, la Whispering Gallery (galerie des Murmures) à la base du dôme.

Stone Gallery et Golden Gallery

La Stone Gallery (galerie de Pierre) est située 119 marches plus haut. Cette plateforme extérieure, à 53 m du sol, est occultée par des piliers et des dispositifs de sécurité. Les 152 dernières marches menant à la Golden Gallery (galerie Dorée) sont plus raides et plus étroites que les précédentes, mais vos efforts seront largement récompensés. Parvenu à 85 m de hauteur, vous jouirez d'un superbe panorama à 360° sur la ville.

Intérieur

À une époque de forte opposition catholique et d'engouement pour le gothique, la construction d'une basilique inspirée de Rome fut controversée. Cependant, l'intérieur, assez sobre et percé de grandes fenêtres, reflétait davantage les mœurs protestantes. Les statues et mosaïques actuelles datent d'aménagements postérieurs.

★ À savoir

- Les offices sont en accès libre, mais certaines parties de la cathédrale sont fermées au public. Pour entendre chanter le chœur de Saint-Paul, assistez à l'eucharistie le dimanche à 11h30 ou aux vêpres (Evensong, 17h lun-sam, 15h15 dim).
- L'entrée inclut un audioguide.
- Des visites guidées gratuites de 1 heure 30 ont lieu à 10h, 11h, 13h et 14h ; réservez au bureau situé juste après l'entrée.

Une petite pause ?

Un café/salon de thé a été aménagé dans la crypte de la cathédrale. Sinon, Ivy Asia (p. 122) allie cuisine fusion ostentatoire et vue sur la cathédrale à travers de vastes baies vitrées. Enfin, des restaurants de chaînes moins onéreux vous attendent dans le centre commercial One New Change (p. 119).

Mémorial au duc de Wellington

L'aile nord de la vaste nef abrite le grandiose mémorial érigé en l'honneur du duc de Wellington (1912), dont la construction nécessita 54 années. Copenhague, le cheval du "duc de fer", était à l'origine tourné dans l'autre sens, mais il fut jugé inapproprié que le postérieur du destrier fît face à l'autel. Sous la coupole une élégante épitaphe rédigée par le fils de Wren rend hommage à l'architecte : *Lector, si monumentum requiris, circumspice* (Lecteur, si tu cherches son mémorial, regarde autour de toi).

The Light of the World et le chœur

Dans la chapelle du transept nord, le célèbre tableau de William Holman Hunt, *The Light of the World* (La Lumière du monde, 1851-1853) montre le Christ frappant à une porte qui ne peut s'ouvrir de l'intérieur. Au centre de la cathédrale se trouvent le spectaculaire chœur – avec ses plafonds et ses voûtes étincelants de mosaïques colorées – et le maître-autel. Les stalles sculptées par l'Anglo-Néerlandais Grinling Gibbons, de part et d'autre du chœur, sont magnifiques, tout comme les grilles en fer forgé séparant les bas-côtés du chœur, travail du huguenot Jean Tijou.

Chapelle des Américains

Contournez le maître-autel et son imposant baldaquin en chêne doré à colonnes torsadées, jusqu'à la chapelle des Américains (American Memorial Chapel) dédiée aux 28 000 Américains basés en Grande-Bretagne et tués lors de la Seconde Guerre mondiale.

Cathédrale Saint-Paul

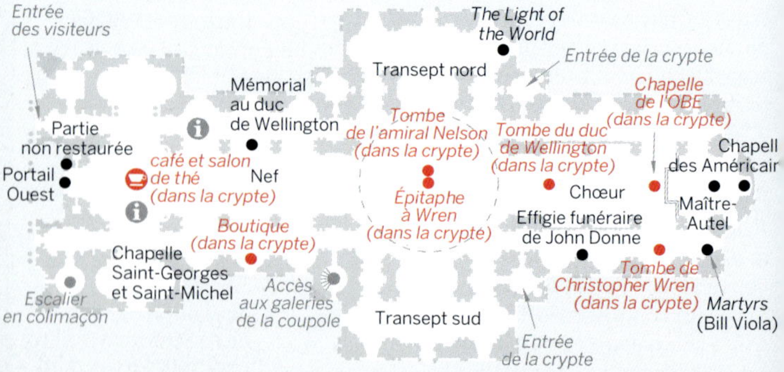

Crypte

Sur le flanc est des transepts nord et sud, des escaliers mènent à la crypte et à la chapelle de l'Order of the British Empire (OBE), où sont célébrés des offices pour les membres de l'ordre de l'Empire britannique. La crypte abrite des mémoriaux de près de 300 personnages illustres de Grande-Bretagne, tels Florence Nightingale, T.E. Lawrence (Lawrence d'Arabie) et sir Winston Churchill. Certains, dont le duc de Wellington, le vice-amiral Nelson, Christopher Wren et les peintres Joshua Reynolds, John Everett Millais, J.M.W. Turner et William Holman Hunt, sont enterrés ici.

L'endroit abrite également un café/salon de thé, une boutique-cadeaux et des toilettes.

Jardin et alentours

Une statue de la reine Anne, la souveraine au pouvoir lors de la construction de Saint-Paul, se dresse devant les marches de la cathédrale, sa couronne, son sceptre et son orbe dorés étincelant au soleil. Les personnages à ses pieds représentent la Grande-Bretagne, l'Amérique du Nord, la France et l'Irlande. Réalisée par le sculpteur Louis Auguste Malempré en 1886, c'est la réplique d'une œuvre de Francis Bird datant de 1712.

A l'extérieur du transept nord, le sobre monument au peuple de Londres (People of London Memorial) rend hommage aux 32 000 civils tués et aux 50 000 blessés graves de la Seconde Guerre mondiale.

La cinquième église

L'église mère de Londres occupe cet emplacement depuis l'an 604. La cathédrale de Wren en est la cinquième version, érigée pour remplacer l'imposante Old St Paul gothique après sa destruction lors du Grand Incendie de 1666. Cette dernière était plus longue et plus haute que l'actuelle cathédrale.

Visites guidées

Le prix du billet inclut un audioguide, mais cela vaut la peine de participer aux visites guidées qui permettent d'accéder aux parties de la cathédrale normalement fermées au public.

Des circuits gratuits de 1 heure 30 couvrent plus ou moins les mêmes lieux que l'audioguide, avec l'avantage de pénétrer dans le chœur pour mieux voir les mosaïques du plafond. Inscrivez-vous au guichet en arrivant car il n'y a pas de système de réservation.

Le Triforium Tour (8 £), moins fréquent, permet de voir l'escalier en colimaçon appelé Geometric Staircase (le "Divination Stairwell" des films *Harry Potter*), le point de vue exclusif sur la nef utilisé par les cameramen de la BBC, l'authentique maquette en chêne de Saint-Paul réalisée par Wren et l'étonnante bibliothèque.

Les incontournables

Tour de Londres

Chargée d'une histoire aussi tragique que captivante, cette forteresse royale hérissée de 22 tours constitue l'un des sites phares de la capitale britannique. Construite au XIe siècle sous le règne de Guillaume le Conquérant, elle servit tour à tour de palais, d'observatoire, d'armurerie, d'hôtel de la Monnaie, de zoo, de prison et de lieu d'exécution.

PLAN P. 116, H5

020-3166 6000

www.hrp.org.uk/tower-of-london

Petty Wales

adulte/enfant 28,90/ 14,40 £

9h-16h30 mar-sam, 10h-16h30 dim-lun

U Tower Hill

Site de l'échafaud de Tower Green

Ce qui, à première vue, semble être une paisible section de la cour intérieure de la Tour est en réalité l'un des sites les plus sanglants. Anne Boleyn et Catherine Howard, les 2e et 5e épouses d'Henri VIII, Margaret Pole (comtesse de Salisbury) et lady Jane Grey, 16 ans, ont été exécutées ici. Une sculpture de l'artiste Brian Catling et un poème leur rendent hommage. À gauche de l'échafaud (*scaffold*) s'élève la Beauchamp Tower, dont les murs portent encore les messages de détresse laissés par des prisonniers de marque

Chapelle royale St Peter ad Vincula

Située au nord de Tower Green, la chapelle royale de St Peter ad Vincula (Saint-Pierre-aux-Liens) est l'un des rares exemples d'édifice religieux Tudor encore debout. Trois reines (Anne Boleyn, Catherine Howard et Jane Grey) et deux saints (Thomas More et John Fisher) y sont enterrés. Un troisième, Philip Howard, y reposait aussi jusqu'au transfert de sa dépouille à Arundel, dans le sud-est de l'Angleterre.

Joyaux de la Couronne

À l'est de la chapelle royale et au nord de la White Tower, les Waterloo Barracks renferment les inestimables joyaux de la Couronne. La queue peut être longue, mais une fois à l'intérieur de la salle, vous serez ébloui par ces *regalia* sceptres, orbes et couronnes scintillants de gemmes. Deux tapis roulants défilent devant ces attributs de la royauté, dont la couronne de platine de feu la *Queen Mum*, mère d'Élisabeth II, sertie du diamant Koh-i Noor ("Montagne de lumière" en persan) de 106 carats, et le sceptre à la croix surmonté de la grande étoile d'Afrique (ou Cullinan I), un diamant de 530 carats en forme de larme.

★ À savoir

- Le droit d'entrée étant élevé, ne vous croyez pas obligé de payer le supplément "Gift Aid".
- Achetez vos tickets en ligne (ils sont valables 7 jours à partir de la date choisie) pour économiser et éviter l'attente à la billetterie.
- Commencez par une visite gratuite avec un hallebardier pour vous familiariser avec le site.
- Comptez environ 3 à 4 heures pour tout voir.

Une petite pause ?

Dans la cour intérieure de la forteresse, la cafétéria **New Armouries Cafe** propose des classiques de la cuisine britannique en libre-service.

Le BrewDog Tower Hill (p. 124), non loin à pied, prépare des pizzas, burgers et salades à arroser d'une bonne bière à la pression.

Exposée seule un peu plus loin, la pièce maîtresse est la couronne impériale, incrustée de 2 868 diamants (dont la petite étoile d'Afrique, ou Cullinan II, de 317 carats), de saphirs, d'émeraudes, de rubis et de perles. Le monarque la porte lors de la cérémonie d'ouverture du Parlement.

White Tower

Au cœur du site se dresse le plus vieux monument de la ville. Érigée dans les années 1070, la White Tower, la "tour Blanche" en pierre correspond à la "Tour de Londres" originelle. Henri III la fit blanchir à la chaux au XIIIe siècle. Si sa hauteur (27 m) semble aujourd'hui modeste, elle devait au Moyen Âge dominer de sa silhouette intimidante toutes les habitations en bois autour de l'enceinte du château.

Elle est occupée par l'armurerie royale, une collection de canons, armes à feu, cottes de mailles et armures pour hommes et chevaux. Le contraste entre les deux armures d'Henri VIII – l'une confectionnée pour le jeune homme qu'il était à 24 ans, l'autre pour le monarque quinquagénaire au tour de taille de 129 cm – est saisissant.

Chapelle Saint-Jean l'Évangéliste

Bel exemple d'architecture normande daté de 1080, l'austère chapelle romane de la tour Blanche possède une nef scandée par 14 colonnes trapues venant soutenir des arcs en plein cintre et une voûte en berceau. Elle servit jadis d'archives nationales.

Bloody Tower

La "tour sanglante" (1225) doit son nom aux "princes de la tour", Édouard V (12 ans) et son jeune frère Richard, qui furent séquestrés ici puis assassinés. Nommé régent à la mort de leur père, Richard III est généralement tenu pour responsable, en particulier par Shakespeare, d'avoir ainsi court-circuité l'accession au trône. Une petite exposition présente des objets ayant appartenus à l'aventurier élisabéthain Sir Walter Raleigh, emprisonné ici à trois reprises, et illustre la pratique de la torture au moyen d'instruments comme la cigogne à estropier.

Palais médiéval

Dans la St Thomas Tower (1275-1279), découvrez ce à quoi devaient ressembler les appartements d'Édouard Ier. En face, Wakefield Tower, édifiée par Henri III entre 1220 et 1240, restitue l'atmosphère de l'époque entre meubles (trône y compris) et candélabres.

Promenade sur les remparts

L'immense enceinte intérieure de la Tour fut ajoutée par Henri III à partir de 1220, pour en améliorer la défense. La promenade des remparts (Wall Walk) permet de visiter ses parties est et nord, ainsi que les tours qui les jalonnent. Partant de Salt Tower, on passe par Broad Arrow et Constable Towers qui accueillent des expositions sur les armes et la révolte

Les traditions de la Tour de Londres

Yeoman Warders

Les emblématiques Yeomen Warders (hallebardiers), vêtus de leur costume d'époque bleu marine rehaussé de rouge, gardent la Tour depuis la fin du XVe siècle. Bien que leur fonction soit aujourd'hui essentiellement cérémonielle, ils doivent avoir servi au moins 22 ans dans un corps des Forces armées britanniques pour pouvoir postuler. On les appelle communément les Beefeaters ("mangeurs de bœuf"), un surnom qui remonte au moins au XVIIe siècle et pourrait venir des rations de viande rouge – un luxe à l'époque – qu'ils recevaient autrefois. Une autre tradition perdure quant à elle : chaque gardien reçoit une bouteille de gin Beefeater pour son anniversaire dans le cadre d'un vieil arrangement avec la marque qui utilise ainsi leur image sur ses bouteilles.

Les corbeaux

Depuis trois siècles et demi, il est dit que le départ des corbeaux de la Tour de Londres annoncerait l'effondrement du royaume. Ayant connu la peste, le Grand Incendie et l'exécution de son père, Charles II serait à l'origine de la tradition qui veut que six de ces volatiles (plus un remplaçant) résident en permanence dans une volière à l'intérieur de la forteresse, où un Yeoman Warder portant le titre de Ravenmaster ("maître des corbeaux") est spécifiquement chargé de leur entretien.

Cérémonie des clés

La cérémonie de la fermeture des portes a lieu tous les jours sans exception depuis sept siècles. Elle débute à 21h53 précises pour se terminer à 22h05. Lorsqu'une bombe toucha la Tour lors du Blitz, le rituel ne fut retardé que de 30 minutes. Pour y assister, il faut payer un droit d'entrée (1 £) et réserver en ligne (www.hrp.org.uk) longtemps à l'avance.

des paysans (1381). Ensuite, Martin Tower servit d'écrin aux joyaux de la Couronne de 1669 à 1841.

Le long du rempart nord, Brick Tower rappelle que la ménagerie royale eut parmi ses pensionnaires un ours polaire qui, bien qu'attaché, pouvait nager et pêcher dans la Tamise. Enfin, Bowyer Tower présente le duc de Wellington et la Flint Tower, le rôle de la Tour de Londres durant la Première Guerre mondiale.

Visites guidées

Si les Yeoman Warders (hallebardiers) gardent officiellement la Tour, leur principal rôle est celui de guide. Instructives et divertissantes, leurs visites de 45 minutes, incluses dans le prix du billet, partent du pont près de l'entrée principale toutes les 30 minutes jusqu'à 15h30 (14h30 en hiver).

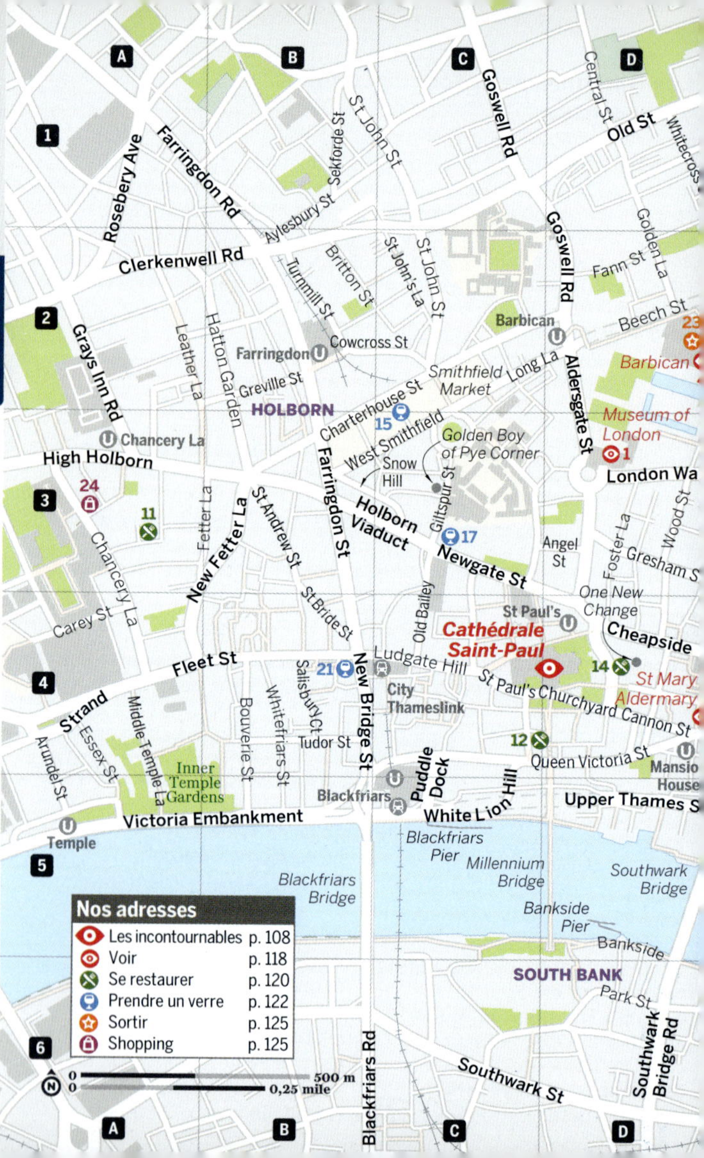
Nos adresses
Les incontournables p. 108
Voir p. 118
Se restaurer p. 120
Prendre un verre p. 122
Sortir p. 125
Shopping p. 125
0 500 m
0 0,25 mile
N
HOLBORN
SOUTH BANK
Cathédrale Saint-Paul
Museum of London
1
Barbican
23
St Mary Aldermary
Golden Boy of Pye Corner
Smithfield Market
Inner Temple Gardens
Farringdon
Barbican
Chancery La
St Paul's
City Thameslink
Blackfriars
Temple
Mansion House
Blackfriars Pier
Bankside Pier
Blackfriars Bridge
Millennium Bridge
Southwark Bridge
Goswell Rd
Old St
Central St
Whitecross
St John St
Sekforde St
Aylesbury St
Farringdon Rd
Rosebery Ave
Clerkenwell Rd
Turnmill St
Britton St
St John's La
Golden La
Fann St
Beech St
Long La
Aldersgate St
London Wa
Cowcross St
Charterhouse St
Greville St
Hatton Garden
Leather La
Grays Inn Rd
High Holborn
West Smithfield
Snow Hill
Giltspur St
Holborn Viaduct
Newgate St
Angel St
Wood St
Foster La
Gresham S
One New Change
Cheapside
Fetter La
New Fetter La
St Andrew St
Farringdon St
St Bride St
Old Bailey
Chancery La
Carey St
Fleet St
Strand
Ludgate Hill
St Paul's Churchyard
Cannon St
Queen Victoria St
Upper Thames S
Salisbury Ct
New Bridge St
Whitefriars St
Bouverie St
Tudor St
Middle Temple La
Essex St
Arundel St
Puddle Dock
White Lion Hill
Victoria Embankment
Bankside
Park St
Southwark St
Southwark Bridge Rd
Blackfriars Rd
A
B
C
D
1
2
3
4
5
6
11
12
14
15
17
21
24

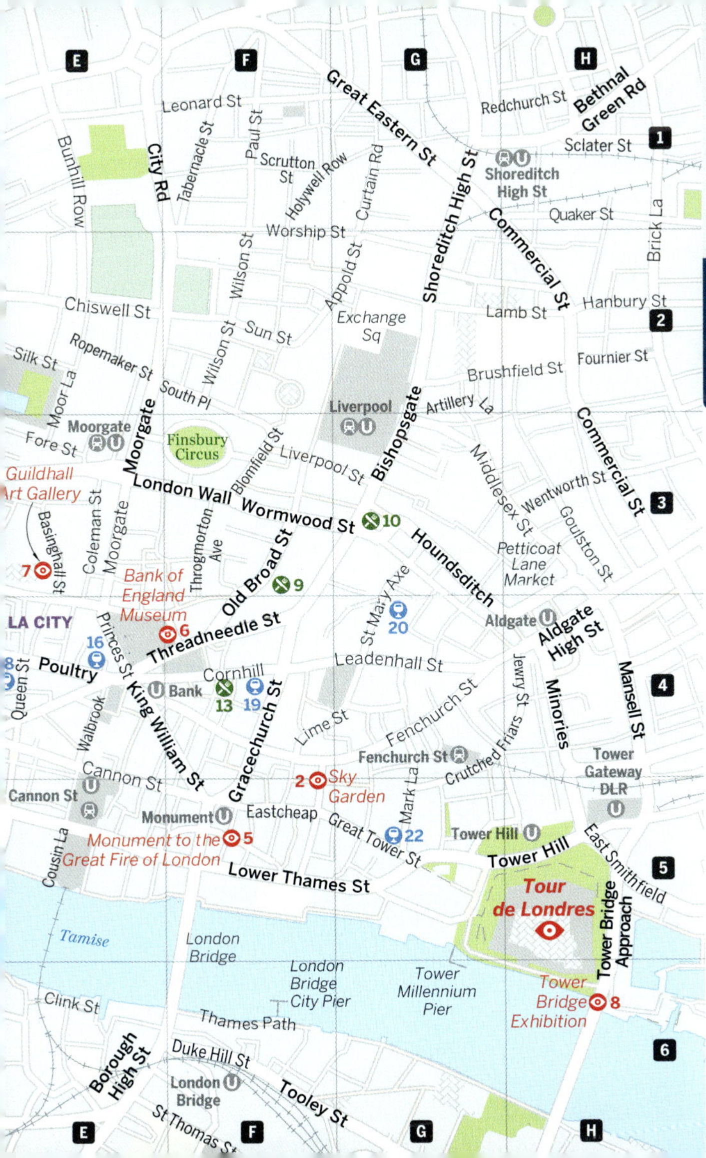
E
F
G
H
1
2
3
4
5
6
Leonard St
Great Eastern St
Redchurch St
Bethnal Green Rd
Sclater St
Bunhill Row
City Rd
Tabernacle St
Paul St
Scrutton St
Holywell Row
Curtain Rd
Shoreditch High St
Quaker St
Commercial St
Brick La
Worship St
Wilson St
Appold St
Shoreditch High St
Chiswell St
Sun St
Exchange Sq
Lamb St
Hanbury St
Fournier St
Silk St
Ropemaker St
Wilson St
South Pl
Brushfield St
Moor La
Moorgate
Fore St
Moorgate
Finsbury Circus
Liverpool
Artillery La
Blomfield St
Liverpool St
Bishopsgate
Commercial St
Middlesex St
Wentworth St
Guildhall Art Gallery
London Wall
Wormwood St
10
Coleman St
Moorgate
Throgmorton Ave
Goulston St
Basinghall St
Old Broad St
Houndsditch
Petticoat Lane Market
7
Bank of England Museum
9
St Mary Axe
LA CITY
6
Threadneedle St
20
Aldgate
Aldgate High St
16
Princes St
Leadenhall St
Jewry St
Mansell St
Queen St
Poultry
Cornhill
Bank
13
19
Minories
Walbrook
King William St
Gracechurch St
Lime St
Fenchurch St
Crutched Friars
Tower Gateway DLR
Fenchurch St
Cannon St
Cannon St
2
Sky Garden
Mark La
Monument
Eastcheap
Great Tower St
22
Tower Hill
Cousin La
Monument to the Great Fire of London
5
Tower Hill
East Smithfield
Lower Thames St
Tour de Londres
Tower Bridge Approach
Tamise
London Bridge
London Bridge City Pier
Tower Millennium Pier
Tower Bridge Exhibition
8
Clink St
Thames Path
Duke Hill St
Borough High St
London Bridge
Tooley St
St Thomas St

Voir

Museum of London

MUSÉE

1 PLAN P. 116, D3

Cet excellent musée, à la fois instructif et divertissant, est l'un des meilleurs de la capitale. Il offre un passionnant voyage dans le passé pour découvrir, au fil de quelque 25 galeries, les visages successifs de Londres, du village anglo-saxon à la métropole du XXIe siècle. Les multiples dispositifs interactifs favorisent une approche plus expérimentale que théorique. (020-7001 9844 ; www.museumoflondon.org.uk ; 150 London Wall ; entrée libre ; 10h-18h ; U Barbican)

Sky Garden

POINT DE VUE

2 PLAN P. 116, F5

Le "jardin d'hiver" aux airs de terminal d'aéroport qui occupe les trois derniers étages de la tour "Walkie Talkie" (155 m) doit sa popularité au panorama spectaculaire sur Londres qui se déploie sur des kilomètres vers l'est et l'ouest, avec The Shard en ligne de mire. Réservation en ligne indispensable.
Le Sky Garden accueille un restaurant, une brasserie et trois bars. (020-7337 2344 ; www.skygarden.london ; 20 Fenchurch St ; entrée libre ; 10h-18h lun-ven, 11h-21h sam-dim ; U Monument)

Sky Garden

DRIMAFILM/SHUTTERSTOCK © ARCHITECT: RAFAEL VIÑOLY

St Mary Aldermary

ÉGLISE

3 PLAN P. 116, D4

Victime du Grand Incendie St Mary Aldermary été reconstruite en 1681 par Christoper Wren dans le style gothique, contrairement à la plupart des églises de l'architecte. C'est aussi la dernière de ce type qui subsiste à l'intérieur de la City. D'un blanc immaculée, la nef étire ses colonnes jusqu'à de gracieuses voûtes en éventail, coiffant des bancs en bois ciré et un pavement d'inspiration médiévale à dominante rouge brique. L'**Host Cafe** installé dans l'abside ajoute une note de convivialité. (020-7248 9902 ; Bow Lane ; 7h30-16h30 lun-ven ; U Mansion House)

Barbican

ARCHITECTURE

4 PLAN P. 116, D2

Si l'esthétique de ce vaste ensemble brutaliste érigé après la Seconde Guerre mondiale divise toujours les Londoniens, le Barbican demeure un lieu d'habitation convoité et le siège du centre culturel le plus prestigieux de la ville. Parmi les espaces publics figurent une immense **serre** (Barbican Concervatory ; niveau 3 ; entrée libre ; 12h-17h dim), les théâtres du Barbican Centre (p. 125), un cinéma et deux galeries d'art, la **Barbican Art Gallery** (niveau 3 ; 12h-18h lun-mar, 12h-21h mer-ven, 10h-21h sam, 12h-18h dim) et **The Curve** (niveau 1 ; entrée libre ; 11h-20h sam-mer, 11h-21h jeu-ven).

Panorama gratuit

Conçu par l'architecte français Jean Nouvel, le **One New Change** (Plan p.116, D4 ; 020-7002 8900 ; www.onenewchange.com ; 1 New Change ; 10h-18h lun-mer et sam, 10h-20h jeu-ven, 12h-18h dim ; U St Paul's) est un centre commercial abritant les grandes enseignes habituelles. Prenez l'ascenseur jusqu'au 6ᵉ étage pour découvrir une plateforme d'observation offrant un panorama sur le dôme de la cathédrale Saint-Paul et sur Londres.

Le complexe a été conçu pour être piétonnier, mais son réseau de passerelles n'a pas été entièrement réalisé. Le circuit guidé (Architecture Tour, 1 heure 30, adulte/enfant 12,50/10 £) évite de se perdre dans le labyrinthe. (020-7638 4141 ; www.barbican.org.uk ; Silk St ; U Barbican)

Monument to the Great Fire of London

MONUMENT

5 PLAN P. 116, F5

Dessinée par Christopher Wren, cette colonne dorique monumentale en pierre de Portland commémore le Grand Incendie (1666) qui détruisit 80% deLondres. Elle mesure 62 m de haut, soit la distance jusqu'à la boulangerie de Pudding Lane où le feu aurait débuté. D'une taille modeste comparé aux tours actuelles, ce monument central dominait alors le paysage urbain. Cela vaut toujours la peine de grimper les 311 marches de l'escalier en colimaçon pour profiter d'une vue imprenable. (020-7403 3761 ; www.themonument.org.uk ; Fish St Hill ; adulte/enfant 5/2,50 £, billet combiné avec Tower Bridge 12/5,50 £ ; 9h30-17h30 ; U Monument)

Bank of England Museum MUSÉE

6 PLAN P. 116, F4

Ce musée bien plus intéressant qu'il n'y paraît illustre l'évolution de la monnaie et l'histoire de la vénérable Banque d'Angleterre, fondée en 1694 par un Écossais. La reconstitution du Bank Stock Office construit sur les plans de John Soane à la fin du XVIIIe siècle est particulièrement intéressante. À voir également un lingot d'or de 13 kg dont la valeur dépasse les 570 000 £. (020-3461 5545 ; www.bankofengland.co.uk/museum ; Bartholomew Lane ; entrée libre ; 10h-17h lun-ven ; U Bank)

Guildhall Art Gallery MUSÉE

7 PLAN P. 116, E3

La City a acquis au fil des siècles une collection d'art de quelque 4 500 pièces, exposée depuis 1885. Détruit durant la Seconde Guerre mondiale, le musée a été rebâti en 1985 en intégrant les vestiges d'un amphithéâtre romain (environ 70 apr. J.-C.) mis au jour lors du chantier. Le fonds fait la part belle aux représentations de Londres et aux œuvres de l'époque victorienne, avec des tableaux préraphaélites de John Everett Millais et Dante Gabriel Rossetti. (020-7332 3700 ; www.cityoflondon.gov.uk/guildhallgalleries ; Guildhall Yard ; entrée libre ; 10h-17h lun-sam, 12h-16h dim ; U Bank)

Tower Bridge Exhibition MUSÉE

8 PLAN P. 116, H6

Outre l'histoire de la construction du Tower Bridge, vous aurez accès à la machinerie à vapeur de l'époque victorienne qui actionnait le pont basculant. Marcher sur le sol vitré à 42 m au-dessus de la Tamise constitue le moment fort de la visite. (020-7403 3761 ; www.towerbridge.org.uk ; Tower Bridge ; adulte/enfant 9,80/4,20 £, billet combiné avec le Monument to the Great Fire 12/5,50 £ ; 9h30-17h ; U Tower Hill)

Se restaurer

City Social BRITANNIQUE £££

9 PLAN P. 116, F3

Perché au 24e étage de la Tower 42, ce restaurant impressionne par son panorama, sa cuisine étoilée au Michelin et son cadre d'inspiration Art déco à l'éclairage tamisé. Si vous ne voulez pas faire des folies, optez pour le bar **Social 24** (ouvert plus tard) qui décline une carte d'en-cas convaincants, à l'image des churros au fromage de chèvre et au miel aromatisé à la truffe. (020-7877 7703 ; www.citysociallondon.com ; Tower 42, 25 Old

Le Grand Incendie de Londres

Comme presque tous ses bâtiments étaient en bois et chaume, Londres connut bon nombre d'incendies au fil des siècles. Le plus dramatique d'entre eux se déclara le 2 septembre 1666 dans une boulangerie de Pudding Lane, près du London Bridge. À première vue, il ne semblait pas très impressionnant. Le maire lui-même déclara qu'il serait rapidement circonscrit, avant d'aller se recoucher. Mais la chaleur, inhabituelle pour un mois de septembre, et le vent eurent un effet dévastateur. Le feu fit rage quatre jours durant, réduisant 80% de la ville en cendres. Si on ne déplora officiellement que huit morts, la plus grande partie de l'architecture médiévale, Tudor et jacobéenne de la capitale fut irrémédiablement détruite. L'incendie finira par être maîtrisé à Pye Corner, dans le quartier de Smithfield à la lisière de Londres, après avoir ravagé 89 églises, dont la cathédrale Saint-Paul, et plus de 13 000 maisons, laissant des dizaines de milliers de personnes sans domicile. Le Monument to the Great Fire of London (p. 119) se tient à l'endroit où il débuta, tandis que le **Golden Boy of Pye Corner** (plan p. 116, C3 ; angle Cock Lane et Giltspur St ; U St Paul's), une petite statue dorée représentant un garçonnet nu bien en chair, marque son point d'arrêt.

Broad St ; plats 26-37 £ ; 12h-14h30 et 18h-22h30 lun-ven, 17h-22h30 sam ; U Bank)

Duck & Waffle — BRITANNIQUE ££

10 PLAN P. 116, G3

Au 40e étage d'un gratte-ciel, le plus haut restaurant de Londres fait partie des meilleures adresses pour se sustenter de jour comme de nuit. Sa spécialité ? Une gaufre moelleuse surmontée de confit de canard croustillant et d'un œuf de canne au plat, le tout nappé de sirop d'érable aux graines de moutarde. (020-3640 7310 ; www.duckandwaffle.com ; Heron Tower, 110 Bishopsgate ; plats 14-44 £ ; 24h/24 ; ; U Liverpool St)

Vanilla Black — VÉGÉTARIEN £££

11 PLAN P. 116, A3

Une expérience culinaire des plus intrigantes vous attend dans une curieuse petite rue débouchant sur Chancery Lane. Le menu créatif sans cesse renouvelé se compose de plats où les légumes occupent la vedette. Parmi les recettes éprouvées, citons les profiteroles de céleri-rave rôti à la vanille, l'aneth et aux raisins secs, et la glace à l'*edamame*. Les végétaliens peuvent aussi se régaler. Ambiance feutrée et réservation recommandée. (020-7242 2622 ; www.vanillablack.co.uk ; 17-18 Took's Ct ; menu déjeuner 2/3 plats 23/28,50 £, dîner 31/41,50 £ ; 12h-14h30 et 18h-22h lun-sam ; ; U Chancery Lane)

Miyama

JAPONAIS ££

12 PLAN P. 116, C4

Dissimulé au sous-sol d'un immeuble quelconque (l'entrée se fait par Knightrider St), cet authentique restaurant japonais est un secret bien gardé. Venez à midi pour profiter du menu déjeuner avantageux (sashimi, tempura, tonkatsu, teriyaki...) ou installez-vous au bar à sushis ou teppanyakis pour un véritable show. (020-7489 1937 ; www.miyama-restaurant.co.uk ; 17 Godliman St ; plats 13,50-30 £ ; 11h30-14h30 et 17h45- 21h30 lun-ven ; U St Paul's)

Simpsons Tavern

BRITANNIQUE £

13 PLAN P. 116, F4

Old school est un euphémisme pour décrire cette institution de la City depuis 1757 (box en bois sombre et banquettes vert olive) où engloutir de robustes portions de cuisine typiquement *british*. Gardez une place au dessert pour le fameux *stewed cheese*. (020-7626 9985 ; www.simpsonstavern.co.uk ; Ball Ct, 38½ Cornhill ; plats 9,75-15,80 £ ; 8h30-10h30 mar-ven et 12h-15h30 lun-ven ; U Bank)

Ivy Asia

ASIATIQUE £££

14 PLAN P. 116, D4

Un nouveau venu qui promet d'animer un peu la vie nocturne de ce coin de la City grâce à un DJ tous les soirs, une large gamme de whiskys japonais et des plats *too much* comme les raviolis à la truffe noire parsemés de paillettes d'or. Le sol d'un vert éclatant est en pierres semi-précieuses et la cathédrale Saint-Paul resplendit à travers les amples baies vitrées. (020-3971 2600 ; www.theivyasia.com ; 20 New Change ; plats 13,50-48 £ ; 11h30-2h30 lun-sam, 11h30-12h30 dim ; U St Paul's)

Prendre un verre

Oriole Bar

BAR À COCKTAILS

15 PLAN P. 116, C3

Dans une ruelle obscure traversant Smithfield Market, désert le soir, voici l'un des meilleurs bars à cocktails de Londres, qui joue la carte du *speakeasy* et de la découverte. La carte en trois parties – Ancien Monde, Nouveau Monde et Orient – voyage aux quatre coins du globe. Les ingrédients bizarres, comme l'*octopus milk* ("lait de poulpe"), utilisés pour concocter les breuvages figurent dans un glossaire à la fin. (020-3457 8099 ; www.oriolebar.com ; E Poultry Ave ; 18h-23h lun, 18h-2h mar-dim ; U Farringdon)

Nickel Bar

BAR À COCKTAILS

16 PLAN P. 116, E4

Colonnes en pierre verte à chapiteaux corinthiens, pianiste de jazz sur une élégante plateforme et cocktails sélects aux accents américains... Des différents bars installés dans cet ancien hall de banque grandiose, le Nickel affiche le cadre le plus évocateur, inspiré du style Art déco et rappelant l'atmosphère des grands transatlantiques. (020-3828 2000 ; www.thened.com/restaurants/the-nickel-bar ; 27 Poultry ; 7h-2h lun-mer, 7h-3h jeu-sam, 7h-minuit dim ; ; U Bank)

Viaduct Tavern PUB

17 PLAN P. 116, C3

Datant de 1869, le Viaduct Tavern est l'un des rares *gin palaces* de l'époque victorienne encore en activité dans la City. Le décor a gardé son cachet d'origine : panneaux en verre gravé, plafond en métal estampé à motifs végétaux couleur sang de bœuf et vieux guichet du caissier où étaient vendus les jetons pour commander à boire. Un choix de gins infusés maison trône derrière le comptoir. Le pub a la réputation d'être hanté, sans doute du fait de sa proximité avec la sinistre prison de Newgate, théâtre de nombreuses exécutions, aujourd'hui disparue. Des cellules subsistent au sous-sol. (020-7600 1863 ; www.viaducttavern.co.uk ; 126 Newgate St ; 10h-23h lun-ven, 12h-21h sam ; ; U St Paul's)

Merchant House BAR À COCKTAILS

18 PLAN P. 116, E4

Dans une ruelle oubliée partant de Bow Lane, une voie piétonnière, ce bar bien caché a en stock quelque 600 whiskys, 400 rhums et 400 gins différents. Pour faciliter le choix, les mixologistes experts concoctent des cocktails sur mesure à partir de votre alcool préféré et d'une des cinq palettes gustatives proposées. (www.merchanthouse.bar ; 13 Well Ct ; 15h-1h lun-ven, 16h-1h sam ; U Mansion House)

The Counting House PUB

19 PLAN P. 116, F4

Avec son majestueux escalier en bois, ses plafonds peints encadrés de moulures dorées et sa coupole à verrière, ce pub de la chaîne Fuller's a su conserver la superbe du bâtiment construit pour Prescott's Bank en 1893. Des hommes de la City en costume se massent autour de l'élégant bar central en forme de fer à cheval pour siroter de la bière en fût accompagnée de *pies*. (020-7283 7123 ; www.the-counting-house.com ; 50 Cornhill ; 8h-23h lun-ven, 11h-23h sam, 11h-21h dim ; ; U Bank)

Viaduct Tavern

Searcys at the Gherkin — BAR

20 PLAN P. 116, G4

Les deux derniers niveaux de l'emblématique "Cornichon", qui abritaient auparavant un club privé, sont désormais accessibles au grand public, à condition de soigner sa tenue. Boire un cocktail au bar du 40ᵉ étage sous le dôme vitré offrant une vue à 360° sur la City est une expérience mémorable. (☎ 0330 107 0816 ; www.searcysatthegherkin.co.uk ; 30 St Mary Axe ; 11h-23h lun-sam, 10h-16h dim ; U Aldgate)

City of London Distillery — BAR À COCKTAILS

21 PLAN P. 116, B4

La première distillerie de gin créée dans la City depuis près de deux siècles produit de façon artisanale et en petites quantités. Sirotez un gin tonic ou dégustez un assortiment en contemplant les cuves étincelantes au fond du bar. L'établissement organise des visites de ses installations et des ateliers de fabrication. (☎ 020-7936 3636 ; www.cityoflondondistillery.com ; 22-24 Bride Lane ; 14h-23h lun-sam ; City Thameslink, U Blackfriars)

BrewDog Tower Hill — BIÈRE ARTISANALE

22 PLAN P. 116, G5

La brasserie écossaise BrewDog a récemment ouvert cette nouvelle enseigne à demi enfouie sous un immeuble de bureaux à deux pas de la Tour de Londres. Grâce aux 33 bières à la pression de la marque, dont certaines produites sur place, ainsi que

Barbican Centre

Le meilleur du quartier

Un repas avec vue Chaque gratte-ciel londonien semble désormais pourvu d'un bar ou d'un restaurant panoramique. Pour faire des folies, choisissez le City Social au cadre d'inspiration Art déco (p. 120).

Un cocktail à l'ancienne Leurs horaires sont restreints, mais les pubs de la City débordent de charme et d'histoire. Le Viaduct Tavern (p. 123), un ancien *gin palace* de l'époque victorienne, compte parmi les meilleures adresses.

Culture Si la City n'est pas l'épicentre culturel de Londres, le Barbican Centre (ci-dessous) se pose comme un acteur innovant des arts du spectacle.

des plus grands succès d'autres brasseurs, on ne risque pas de se déshydrater. (020-7929 2545 ; www.brewdog.com ; 21 Great Tower St ; 12h-23h dim-mer, 12h-minuit jeu-sam ; ; Tower Hill)

Sortir

Barbican Centre — ARTS DE LA SCÈNE

23 PLAN P. 116, D2

Maison mère du London Symphony Orchestra, du BBC Symphony Orchestra et de la Royal Shakespeare Company, ce complexe brutaliste est le centre culturel phare de Londres, qui accueille des concerts, des pièces de théâtre et des spectacles de danse. Son cinéma situé dans Beech St programme des films indépendants et des blockbusters hollywoodiens. (020-7638 8891 ; www.barbican.org.uk ; Silk St ; billetterie 10h-21h lun-sam, 12h-20h dim ; Barbican)

Shopping

London Silver Vaults — ANTIQUITÉS

24 PLAN P. 116, A3

La trentaine de boutiques installées à 12 m de profondeur dans ces chambres fortes souterraines sécurisées conservent la plus importante collection d'argenterie au monde destinée à la vente (couverts anciens, bijoux, cadres...). L'entrée se fait par les Southampton Buildings. (020-7242 3844 ; www.silvervaultslondon.com ; 53-64 Chancery Lane ; 9h-17h30 lun-ven, 9h-13h sam ; Chancery Lane)

AROUND THE WORLD

Explorer

Tate Modern et South Bank

South Bank est le quartier incontournable de Londres pour les amateurs d'art et de culture. Outre la Tate Modern, il recèle, au bord de la Tamise, le South Bank Centre, le Shakespeare's Globe et l'un des marchés les plus fréquentés de la capitale. Sans oublier d'excellents pubs, bars et restaurants.

Notre sélection

- ***Tate Modern (p. 128)***. *L'art moderne dans une ancienne centrale électrique magnifiquement rénovée.*
- ***Shakespeare's Globe (p. 141)***. *La reconstitution authentique d'un théâtre élisabéthain du XVIe siècle.*
- ***Borough Market (p. 134)***. *Un marché gastronomique qui stimule les papilles.*
- ***Imperial War Museum (p. 134)***. *Tout sur les guerres menées par la Grande-Bretagne au XXe siècle.*
- ***Southbank Centre (p. 135)***. *Des salles de concerts de premier plan dans un vaste ensemble en béton.*

Comment y aller et circuler

U La Jubilee Line est la principale ligne de métro qui traverse South Bank, mais les lignes Bakerloo, Northern et Waterloo & City desservent également le secteur.

La ligne de bus RV1 parcourt South Bank et Bankside et relie les sites majeurs (entre Covent Garden et Tower Gateway).

Les bateaux Thames Clippers s'arrêtent au London Bridge City Pier, au Bankside Pier et au London Eye Pier.

Plan du quartier p. 132

Tate Modern (p. 128) COWARDLION/SHUTTERSTOCK ©

Les incontournables

Tate Modern

Hébergé dans une ancienne centrale électrique le long de la Tamise, ce temple de l'art moderne et contemporain connaît un succès phénoménal. Le Blavatnik Building, une extension de dix étages inaugurée en 2016, a augmenté de 60% sa surface d'exposition.

PLAN P. 132, D2

020-7887 8888

www.tate.org.uk

Bankside

entrée libre

10h-18h dim-jeu, 10h-22h ven-sam

U Southwark

Natalie Bell Building

Le musée originel occupe l'ancienne chaufferie de la Bankside Power Station. Rebaptisé du nom d'une activiste locale, l'imposant bâtiment de 200 m de long se compose de 4,2 millions de briques. Le café au 6e étage dévoile une vue sur la Tamise et la cathédrale Saint-Paul.

Turbine Hall

Par l'entrée principale, dans Holland St, le visiteur pénètre directement dans l'étonnant Turbine Hall (photo). Cet espace de 3 300 m^2, qui abritait les énormes turbines de la centrale électrique, accueille désormais des installations de grande envergure et des expositions temporaires. La volonté de rendre l'art plus accessible a conduit à la commande d'œuvres populaires, souvent interactives. Citons par exemple la *Fons Americanus* de Kara Walker, une fontaine de 13 m de haut illustrant l'histoire de la traite des esclaves, les balançoires à trois places du collectif danois Superflex ou le "jardin géométrique" *Empty Lot* que l'artiste mexicain Abraham Cruzvillegas a réalisé à partir de terre provenant de différents parcs de Londres. Notez qu'en passant par l'entrée côté Tamise, vous tomberez sur le niveau 1 plus feutré, d'où des escaliers conduisent au rez-de-chaussée du Turbine Hall.

Blavatnik Building

L'extension de la Tate Modern, ouverte en 2016, fait écho à l'autre bâtiment, mais elle a été construite en briques légèrement plus claires et sa structure en treillage laisse filtrer les lumières la nuit.

L'intérieur austère en béton brut, qui s'inspire de l'architecture brutaliste, met très bien en valeur la collection.

★ À savoir

- Les Natalie Bell Building et Blavatnik Building sont reliés aux niveaux 0, 1 et 4 ; procurez-vous un plan (1 £) à l'un des guichets près de l'entrée pour faciliter votre visite.
- Pour un trajet culturel des plus pittoresques, prenez la navette fluviale RV2 entre **Bankside Pier** (www.thamesclippers.com ; aller adulte/enfant 8,70/4,35 £), au niveau de la Tate Modern, et Millbank Pier, devant la Tate Britain (p. 56).

Une petite pause ?

À 10 minutes de marche en longeant le fleuve vers l'est le Borough Market (p. 134), réunit une foule d'étals de restauration et de commerces en gros fournissant les restaurants haut de gamme.

La cafétéria Tibits (p. 139) propose une cuisine 100% végétarienne dont les mets se paient au poids.

Galerie panoramique

Prenez l'ascenseur jusqu'au niveau 10 pour contempler la vue imprenable sur Londres. La galerie étant partiellement couverte, inutile de vérifier la météo avant de venir.

Les Tanks

Ces énormes citernes souterraines contenaient autrefois le combustible de la centrale électrique. Ces espaces circulaires peu ordinaires accueillent désormais performances, installations et projections de films.

La Tate en expansion

L'agence d'architecture suisse Herzog & de Meuron a remporté le prestigieux prix Pritzker pour sa transformation de la Bankside Power Station, fermée en 1981. Conserver la cheminée centrale de 99 m de haut, ajouter une boîte en verre de 2 étages sur le toit et faire du vaste Turbine Hall un spectaculaire hall d'entrée sont quelques-unes des idées de génie de cette transformation.

Collection permanente

La collection permanente est en accès libre et organisée de manière thématique et chronologique aux niveaux 2 et 4 du Natalie Bell Building et aux niveaux 0, 3 et 4 du Blavatnik Building, pour sa part consacré à l'art depuis les années 1960.

Plus de 60 000 œuvres sont en rotation constante, ce qui peut être frustrant si vous souhaitez voir une œuvre en particulier, mais ravit les visiteurs réguliers. Consultez l'excellent site Internet (www.tate.org.uk/search) pour savoir si une œuvre est exposée et connaître son emplacement.

Les conservateurs ont à leur disposition des toiles de Georges Braque, Henri Matisse, Piet Mondrian, Andy Warhol, Mark Rothko et Jackson Pollock, ainsi que des créations de Joseph Beuys, Barbara Hepworth, Damien Hirst, Rebecca Horn et Claes Oldenburg. La Start Display au niveau 2 du Natalie Bell Building constitue un bon point de départ : cette petite exposition, sorte d'"avant-goût", présente certains des travaux les plus appréciés de la collection et donne aux visiteurs d'intéressants conseils pour appréhender l'art moderne.

Visites guidées

Chaque jour, trois visites guidées gratuites de 45 minutes explorent les collections permanentes, présentant d'abord le musée avant de s'intéresser à une section spécifique. Départs à 12h, 13h et 14h au niveau 4 du Natalie Bell Building.

Expositions temporaires

Depuis l'ouverture du Blavatnik Building, la Tate Modern accueille un plus grand nombre d'expositions temporaires. Elles sont présentées au niveau 3 du Natalie Bell Building et au niveau 2 du Blavatnik Building. Toutes sont payantes (tarifs variables selon les expositions).

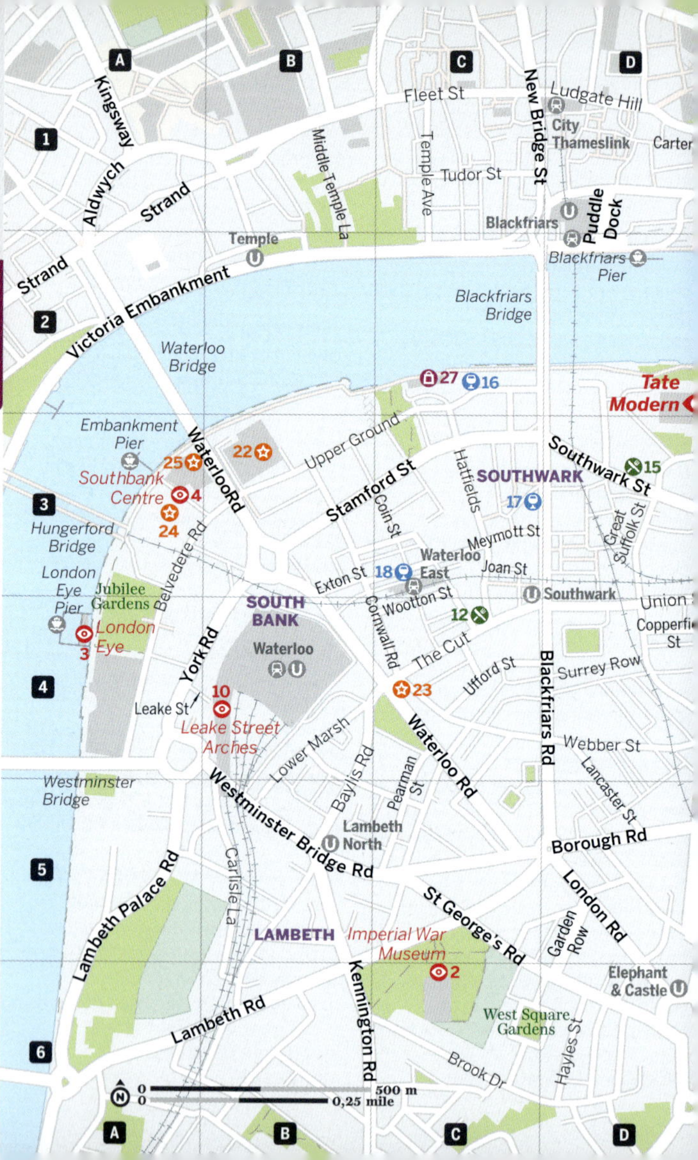
A
B
C
D
1
2
3
4
5
6
Kingsway
Aldwych
Strand
Strand
Fleet St
Ludgate Hill
City Thameslink
Carter
New Bridge St
Temple Ave
Tudor St
Middle Temple La
Temple
Blackfriars
Puddle Dock
Blackfriars Pier
Victoria Embankment
Blackfriars Bridge
Waterloo Bridge
27
16
Tate Modern
Embankment Pier
Waterloo Rd
22
25
Southbank Centre
4
24
Upper Ground
Stamford St
Coin St
Hatfields
SOUTHWARK
Southwark St
15
17
Great Suffolk St
Hungerford Bridge
Belvedere Rd
Meymott St
Waterloo East
Joan St
Exton St
18
London Eye Pier
Jubilee Gardens
London Eye
3
SOUTH BANK
Wootton St
Southwark
Union
Copperfield St
12
Cornwall Rd
The Cut
York Rd
Waterloo
Ufford St
Surrey Row
Blackfriars Rd
23
Leake St
10
Leake Street Arches
Lower Marsh
Waterloo Rd
Webber St
Lancaster St
Westminster Bridge
Westminster Bridge Rd
Baylis Rd
Pearman St
Lambeth North
Borough Rd
London Rd
Lambeth Palace Rd
Carlisle La
St George's Rd
LAMBETH
Imperial War Museum
2
Garden Row
Elephant & Castle
Kennington Rd
West Square Gardens
Lambeth Rd
Hayles St
Brook Dr
0
500 m
0
0,25 mile

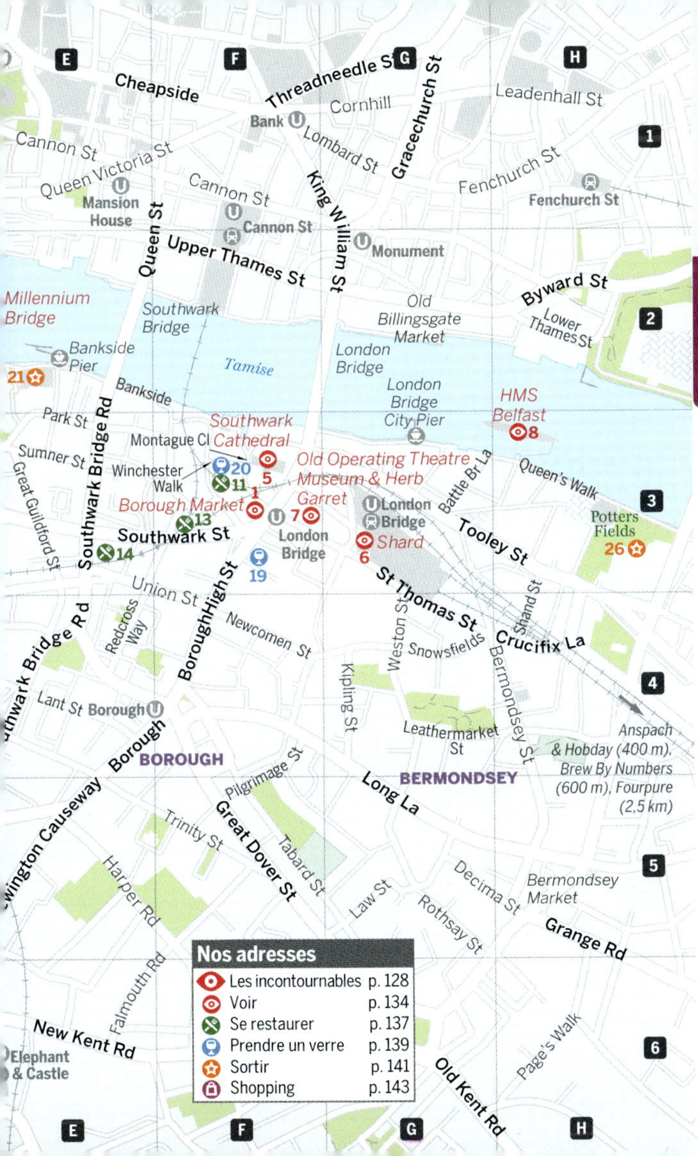
E
F
G
H
1
2
3
4
5
6
Cheapside
Threadneedle St
Cornhill
Leadenhall St
Bank
Lombard St
Gracechurch St
Cannon St
Queen Victoria St
Mansion House
Cannon St
Cannon St
Queen St
Fenchurch St
Fenchurch St
King William St
Monument
Upper Thames St
Byward St
Lower Thames St
Millennium Bridge
Southwark Bridge
Old Billingsgate Market
London Bridge
Bankside Pier
Tamise
21
Bankside
London Bridge City Pier
HMS Belfast
8
Park St
Southwark Cathedral
Montague Cl
Sumner St
Winchester Walk
20
5
Old Operating Theatre Museum & Herb Garret
11
1
Borough Market
7
London Bridge
Battle Br La
Queen's Walk
Potters Fields
26
13
Southwark St
London Bridge
Shard
6
Tooley St
14
Great Guildford St
Southwark Bridge Rd
19
Union St
St Thomas St
Redcross Way
Borough High St
Newcomen St
Weston St
Snowsfields
Crucifix La
Shand St
Southwark Bridge Rd
Kipling St
Bermondsey St
Lant St
Borough
Leathermarket St
Anspach & Hobday (400 m), Brew By Numbers (600 m), Fourpure (2,5 km)
Borough
BOROUGH
BERMONDSEY
Pilgrimage St
Long La
Newington Causeway
Trinity St
Great Dover St
Tabard St
Harper Rd
Decima St
Bermondsey Market
Law St
Rothsay St
Grange Rd
Falmouth Rd
Nos adresses
Les incontournables p. 128
Voir p. 134
Se restaurer p. 137
Prendre un verre p. 139
Sortir p. 141
Shopping p. 143
New Kent Rd
Elephant & Castle
Page's Walk
Old Kent Rd

Voir

Borough Market

MARCHÉ

1 PLAN P. 132, F3

Ce marché, à l'extrémité sud du London Bridge, existe depuis le XIIIe siècle. Débordant d'étals et d'échoppes qui fournissent les tables gastronomiques de Londres, le formidable Borough Market offre un tableau fort alléchant. Ses stands de restauration à emporter sont parfaits pour manger sur le pouce à toute heure de la journée. Il y a toujours foule, même quand l'activité commerciale est réduite. (www.boroughmarket.org.uk ; 8 Southwark St ; marché complet 10h-17h mer-jeu, 10h-18h ven, 8h-17h sam, marché réduit 10h-17h lun-mar ; U London Bridge)

Imperial War Museum

MUSÉE

2 PLAN P. 132, C6

Gardé par deux intimidants canons de marine (et un fragment du mur de Berlin), ce musée digne d'intérêt occupe l'ancien hôpital psychiatrique Bethhem Royal Hospital, également appelé Bedlam. Bien qu'essentiellement consacré aux conflits ayant impliqué les armées de Grande-Bretagne ou du Commonwealth au XXe siècle, il traite aussi de la guerre au sens large. Ne passez pas à côté des sections modernes *First World War Galleries* et *Witnesses to War*, dans l'avant-cour et l'atrium. (020-7416 5000 ; www.iwm.org.uk ; Lambeth Rd ; entrée libre ; 10h-18h tlj ; U Lambeth North)

London Eye

London Eye

POINT DE VUE

3 PLAN P. 132, A4

Du haut de ses 135 m, cette grande roue permet de voir à 40 km à la ronde (jusqu'au château de Windsor), par temps clair. Chaque rotation, d'une lenteur majestueuse, dure 30 minutes. Le London Eye est au centre des célébrations du Nouvel An, avec des feux d'artifices tirés depuis sa structure. Il s'agit d'une attraction très populaire, mieux vaut réserver en ligne pour éviter la queue et bénéficier d'une légère réduction. (www.londoneye.com ; près du County Hall ; adulte/enfant/étudiant 28/23/15 £ ; 10h-20h30, horaires réduits en hiver ; U Waterloo ou Westminster)

Southbank Centre

CENTRE D'ART

4 PLAN P. 132, A3

Plus grand centre d'arts vivants et visuels d'Europe, le Southbank Centre couvre 7 ha au bord de la Tamise. Ses trois bâtiments – le Royal Festival Hall (p. 142), le Queen Elizabeth Hall (p. 143) et la **Hayward Gallery** (11h-19h lun, mer, sam et dim, 11h-21h jeu) – témoignent du style brutaliste des années 1970, complétés de boutiques, bars et restaurants. Il s'y passe toujours quelque chose, de l'"ascenseur chantant" qui monte au 6e étage à l'Undercroft transformé en skatepark. En été, fontaines et plage artificielle font un tabac auprès des jeunes. (020-3879 9555 ; www.southbankcentre.co.uk ; Belvedere Rd ; 10h-23h ; ; U Waterloo)

Promenade dans South Bank

C'est à pied que l'on découvre le mieux South Bank. Si vous manquez de temps, prenez au moins une demi-journée pour marcher le long de la Tamise entre le Westminster Bridge et le London Bridge, via le London Eye, le Southbank Centre, la Tate Modern, le Shakespeare's Globe et le Borough Market.

Cathédrale de Southwark

CATHÉDRALE

5 PLAN P. 132, F3

Essentiellement de style victorien, cette cathédrale n'en possède pas moins une histoire remontant au Moyen Âge. Elle était alors l'église la plus proche du London Bridge, unique point d'entrée de la ville. Malgré ses dimensions modestes, la nef impressionne par ses voûtes gothiques tout comme le retable du XVIe siècle et ses statues de saints au-dessus du maître-autel. Sépultures et mémoriaux, tel le tombeau polychrome de John Gower (1330-1408), premier poète à écrire en anglais, et le Shakespeare Memorial en albâtre, tapissent l'intérieur. Vêpres à 17h30 en semaine, à 16h le samedi et 15h le dimanche. (020-7367 6700 ; www.cathedral.southwark.anglican.org ; Montague Cl ; 9h-17h lun-ven, 9h30-15h45 et 17h-18h sam, 12h30-15h et 16h-18h dim ; U London Bridge)

100% londonien

Pubs de quartier La vue est certes grandiose, mais oubliez les berges de la Tamise, encombrées d'enseignes de chaînes, pour boire une bière. En retrait du fleuve se cachent en revanche des pubs appréciés des Londoniens, comme le Kings Arms (p. 140).

Bars d'hôtel Les Londoniens passent rarement la nuit dans les bars, mais ils aiment néanmoins ceux des hôtels à la mode tels que Lyaness (p. 139) et bien nommé Seabird du nouvel hôtel Hoxton(p. 140).

Ponts et viaducs ferroviaires Ils font l'objet de réhabilitations d'envergure. Rendez-vous aux Leake Street Arches (p. 137), véritable musée du street art, ou suivez le parcours pédestre encore en chantier de la Low Line pour rejoindre les restaurants des Old Union Yard Arches et de Flat Iron Square (p. 139).

The Shard POINT DE VUE

6 PLAN P. 132, G3

Semblant crever le ciel du haut de ses 210 m, la silhouette acérée de "l'Éclat de verre" est devenue un repère emblématique de la capitale. Sans surprise, les terrasses d'observation aux 69e et 72e étages dévoilent une vue stupéfiante... et onéreuse – achetez votre billet en ligne pour bénéficier d'une ristourne. Les billets Premium permettent de revenir gratuitement en cas de mauvais temps. (☎0844 499 7111 ; www.theviewfromtheshard.com ; Joiner St ; adulte/enfant à partir de 25/20 £ ; ⌚10h-21h ; Ⓤ London Bridge)

Old Operating Theatre Museum & Herb Garret MUSÉE

7 PLAN P. 132, F3

La tour de l'église St Thomas (1703) abrite sous ses combles, accessibles par un escalier en colimaçon de 32 marches, la mansarde redécouverte en 1956 où l'apothicaire de l'hôpital St Thomas entreposait des herbes médicinales, ainsi que la plus ancienne salle d'opération (1822) du pays. Le musée revient sur la médecine d'avant l'anesthésie et les antiseptiques. Étonnez-vous devant les remèdes naturels, tels les escargots d'eau douce utilisés pour soigner les maladies vénériennes, et frissonnez à la vue des lames d'amputation. (☎020-7188 2679 ; www.oldoperatingtheatre.com ; 9a St Thomas St ; adulte/enfant 6,50/3,50 £ ; ⌚14h-17h lun, 10h30-17h mar-ven, 12h-16h sam-dim ; Ⓤ London Bridge)

HMS Belfast BATEAU-MUSÉE

8 PLAN P. 132, H3

Le HMS *Belfast* exerce un attrait irrésistible sur les amateurs de marine, quel que soit leur âge. Inauguré en 1938, cet imposant croiseur léger a servi pendant la Seconde Guerre mondiale – contribuant à couler en 1943 le cuirassé allemand *Scharnhorst* et bombardant les côtes normandes lors du Débarquement –, avant de participer à la guerre de Corée. Ses canons à longue portée pouvaient atteindre des cibles jusqu'à 20 km de distance. L'exposition offre un formidable aperçu de la vie à bord, en temps de guerre comme de paix. L'excellent audioguide (inclus dans le prix du billet), livre des anecdotes racontées par d'anciens membres d'équipage. (www.iwm.org.uk/visits/hms-belfast ; Queen's Walk ; adulte/enfant 19/9,50 £ ; 10h-16h tlj ; U London Bridge)

Millennium Bridge PONT

9 PLAN P. 132, E2

L'élégant Millennium Bridge en acier, aluminium et béton relie les deux rives de la Tamise, entre la Tate Modern au sud et le pied de Peter's Hill qui mène à la cathédrale Saint-Paul au nord. La structure surbaissée dessinée par sir Norman Foster et Antony Caro est spectaculaire, surtout de nuit. La vue sur la cathédrale Saint-Paul depuis South Bank est une image emblématique de Londres. (U Blackfriars)

Leake Street Arches TUNNEL

10 PLAN P. 132, B4

Ce viaduc ferroviaire situé sous la gare de Waterloo est le dernier en date à avoir bénéficié d'une réhabilitation. Inauguré par Banksy en 2008, le tunnel de 200 m de long présente des murs entièrement couverts de street art. Les œuvres du célèbre artiste ont depuis longtemps disparu mais de nouveaux grapheurs opèrent sans cesse. (www.leakestreetarches.london ; Leake St ; U Waterloo)

Se restaurer

Padella ITALIEN £

Petit bistrot dynamique, la "Poêle" (voir 1 Plan p. 132, F3) a pour spécialité les pâtes maison inspirées des nombreuses aventures culinaires des patrons. Les plats changent souvent mais les *pici cacio e pepe* toujours à la carte sont un must. Vu les portions réduites, nous vous conseillons d'en commander plusieurs. L'application WalkIn permet de se joindre virtuellement à la longue queue en attendant tranquillement son tour dans un pub. (www.padella.co ; 6 Southwark St ; plats 4-12,50 £ ; 12h-15h45 et 17h-22h lun-sam, 12h-15h45 et 17h-21h dim ; ; U London Bridge)

Arabica Bar & Kitchen MOYEN-ORIENTAL ££

11 PLAN P. 132, F3

Niché sous l'arche de brique d'un viaduc, l'Arabica privilégie la convivialité avec de petites assiettes à partager de type mezze, comme le *baba ganoush* crémeux à base de purée d'aubergine

Flat Iron Square

fumée et de yaourt au safran ou la brochette d'agneau grillée au charbon de bois. (020-3011 5151 ; www.arabicabarandkitchen.com ; 3 Rochester Walk, Borough Market ; plats 6-14 £ ; 12h-22h30 lun-ven, 9h-22h30 sam, 10h-21h30 dim ; ; U London Bridge)

Skylon

EUROPÉEN £££

Baptisé du nom de la structure en acier érigée en 1951 pour la manifestation d'art contemporain Festival of Britain, le Skylon (voir 24 plan p. 132, A3) ressuscite le style rétro-futuriste des Fifties, encore plus tendance aujourd'hui qu'à l'époque. Il propose une cuisine britannique contemporaine de saison, mais son véritable point fort réside dans la vue splendide sur la Tamise et la ville à travers de grandes baies vitrées. (020-7654 7800 ; www.skylon-restaurant.co.uk ; 3e ét, Royal Festival Hall, Southbank Centre, Belvedere Rd ; plats 16,50-34 £ ; 12h-23h lun-ven, 11h30-15h et 17h-23h sam, 11h30-22h30 dim ; ; U Waterloo)

Anchor & Hope

GASTROPUB ££

12 PLAN P. 132, C4

Lancé par les anciens chefs du St John (p. 188), inspirateur du renouveau culinaire britannique, ce *gastropub* par excellence – élégant sans être formel – revisite la cuisine continentale avec une touche anglaise. La carte, qui change quotidiennement, affiche des plats tels que la sole grillée aux épinards ou le lapin rôti sauce moutarde et bacon accompagné de haricots verts. Réservations uniquement pour le dimanche midi. (☎ 020-7928 9898 ; www.anchorandhopepub.co.uk ; 36 The Cut ; plats 12,40-19,40 £ ; 🕒 17h-23h lun, 11h-23h mar-sam, 12h30-15h15 dim ; U Southwark)

Casa do Frango

PORTUGAIS ££

13 PLAN P. 132, F3

Le *frango* (poulet) grillé au charbon de bois et relevé de sauce pili-pili à la mode de l'Algarve prend ses lettres de noblesse dans ce restaurant à l'étage rempli de plantes, tout près du Borough Market. On y sert aussi des tapas. Pour un verre après le dîner, repérez la porte cachée qui mène au "bar clandestin" à l'éclairage tamisé. (www.casadofrango.co.uk ; 32 Southwark St ; plats 6-10 £ ; 🕒 12h-23h lun-sam, 12h-20h30 dim ; U London Bridge)

Flat Iron Square

HALLE DE RESTAURATION £

14 PLAN P. 132, E3

Ce complexe de restauration au chic industriel a investi les sept arches d'un viaduc ferroviaire et leurs abords extérieurs. Que vous ayez envie de *gyoza*, pizzas, *pad thai* ou salades méditerranéennes, les différents stands satisfont tous les goûts. Les horaires et les prix varient selon les enseignes. Le Flat Iron accueille aussi des événements du type marchés vintage ou soirées à thème. (☎ 020-3179 9800 ; www.flatironsquare.co.uk ; Flat Iron Sq ; 🕒 12h-minuit lun-sam, 10h30-22h dim ; 🥄 ; U London Bridge)

Tibits

VÉGÉTARIEN ££

15 PLAN P. 132, D3

Une cafétéria végétarienne et végane version tendance où les clients se servent au comptoir la quantité de leur choix et paient à la caisse en fonction du poids. Ses plats (salades, currys, risotto...) préparés d'une façon créative, son emplacement et son atmosphère décontractée la désignent comme l'endroit où recharger les batteries après la visite de la Tate Modern. (☎ 020-7202 8370 ; www.tibits.co.uk ; 124 Southwark St ; prix au poids ; 🕒 7h30-22h lun-mer, 7h30-23h jeu-ven, 11h30-23h sam, 11h30-22h dim ; 🥄 ; 🚆 Blackfriars, U Southwark)

Prendre un verre

Lyaness

BAR À COCKTAILS

16 PLAN P. 132, C2

Six mois après la distinction du Dandelyan au titre de meilleur bar du monde, le mixologiste de renom Ryan Chetiyawardana a fermé son établissement pour ouvrir celui-ci, assez ressemblant dans le style et l'esprit. Lyaness se targue d'utiliser pour ses cocktails des ingrédients inhabituels, à l'image du miel vegan, de la liqueur de petit-lait ou de l'onyx, un alcool entièrement nouveau. (☎ 020-3747 1063 ; www.lyaness.com ; Sea Containers, 20 Upper Ground ; 🕒 16h-1h lun-mer, 12h-2h jeu-sam, 12h-0h30 dim ; 📶 ; U Southwark)

Le Bermondsey Beer Mile

Bermondsey est l'épicentre du renouveau de la bière artisanale à Londres, aujourd'hui très tendance. Une vingtaine de brasseries nichées sous des arches ferroviaires s'égrènent sur 2 km. La plupart n'ouvrent que le week-end et se consacrent à la production en semaine.

Parmi les plus courues, **Anspach & Hobday** (020-8617 9510 ; www.anspachandhobday.com ; 118 Druid St ; 17h-22h ven, 10h30-22h sam, 13h-18h dim ; U Bermondsey) sert une sombre *porter* aux arômes de café et de chocolat, ainsi qu'une poignée d'autres créations de son cru. Pour sa part, **Brew By Numbers** (bbno.co ; 75-79 Enid St ; 17h-22h mer-jeu, 16h-22h30 ven, 12h-22h sam, 12h-18h dim ; U Bermondsey) donne plutôt dans l'expérimental et la réinterprétation des classiques. Enfin, **Fourpure** (020-3744 2141 ; www.fourpure.com ; 25 Bermondsey Trading Estate ; 12h-20h mar et dim, 12h-22h mer-ven, 11h-20h sam ; South Bermondsey) invite à s'asseoir dans des "fauteuils œuf" suspendus pour siroter quelques-unes de ses 43 bières artisanales à la pression.

Seabird

BAR ROOFTOP

17 PLAN P. 132, C3

Le dernier rooftop en date de South Bank pourrait bien être le numéro un. Perché au sommet du nouvel hôtel Hoxton Southwark, il offre d'élégants espaces intérieurs et extérieurs agrémentés de palmiers d'où les clients calés dans de confortables fauteuils en osier contemplent la cathédrale Saint-Paul. Si vous avez une petite faim, le restaurant fait la part belle aux fruits de mer, avec notamment le plus grand choix d'huîtres de Londres. (020-7903 3050 ; www.seabirdlondon.com ; Hoxton Southwark, 40 Blackfriars Rd ; 12h-minuit lun-jeu, 12h-1h ven, 11h-1h sam, jusqu'à minuit dim ; U Southwark)

Kings Arms

PUB

18 PLAN P. 132, C3

Dans une rue d'autrefois aux maisons en brique, ce charmant pub de quartier décline une sélection tournante d'*ales* traditionnelles et de bières en bouteille. Beaucoup de gens y faisant halte à la sortie du travail avant de rejoindre la gare de Waterloo, la clientèle se répand jusque sur le trottoir aux heures d'affluence. L'arrière-salle de style rustique sert une honnête cuisine thaïlandaise. (020-7207 0784 ; www.thekingsarmslondon.co.uk ; 25 Roupell St ; 11h-23h lun-sam, 12h-22h30 dim ; U Waterloo)

George Inn

PUB

19 PLAN P. 132, F3

Propriété du National Trust, cette ancienne auberge-relais à galeries de 1677 citée par Dickens dans *La Petite Dorrit* est la dernière du genre à Londres. Le soir, les clients préfèrent les tables de pique-nique de la grande cour pavée (pas de réservation) à l'intérieur sombre et labyrinthique. (020-7407 2056 ; www.nationaltrust.org.uk/george-inn ; 77 Borough High St ; 11h-23h lun-jeu, 11h-minuit ven-sam, 12h-22h30 dim ; U London Bridge)

The Rake

PUB

20 PLAN P. 132, F3

Tenu par les fondateurs du magasin Utobeer, The Rake décline un étonnant choix de bières, dont certaines introuvables ailleurs en ville. Si vous hésitez, le personnel vous guidera et vous ne serez pas déçu. L'endroit, minuscule, fait toujours le plein, en particulier la terrasse. (020-7407 0557 ; www.facebook.com/TheRakeSE1 ; 14 Winchester Walk ; 12h-23h lun-jeu, 11h-23h ven, 10h-23h sam, 12h-22h dim ; U London Bridge)

Aqua Shard

BAR

Pour profiter de la vue imprenable depuis The Shard (p. 136) au prix d'un cocktail, montez jusqu'à ce bar-restaurant au 31e étage de la tour (voir 1 plan p. 132, G3). La hauteur sous plafond donne un côté encore plus impressionnant au panorama urbain qui resplendit à travers les grandes baies inclinées. Préparez-vous à attendre aux heures d'affluence, car seul le restaurant prend les réservations. (020-3011 1256 ; www.aquashard.co.uk ; 31e ét, The Shard, 31 St Thomas St ; 12h-23h dim-jeu, 10h30-1h ven-sam ; U London Bridge)

Sortir

Shakespeare's Globe

THÉÂTRE

21 PLAN P. 132, E2

Réplique à l'identique du théâtre où se jouaient les pièces de William Shakespeare, avec des bancs en bois bien durs et un parterre central ouvert aux intempéries (coussins et capes de pluie en vente sur place), le Globe transporte les spectateurs à l'époque

Bière artisanale au Fourpure

élisabéthaine. Billets à partir de 5 £ pour les places debout. (☎020-7401 9919 ; www.shakespearesglobe.com ; 21 New Globe Walk ; ⏰billetterie 10h-18h ; Ⓤ Blackfriars, London Bridge)

National Theatre

THÉÂTRE

22 ✪ PLAN P. 132, B3

Le navire-amiral du théâtre britannique programme 25 spectacles par an dans un bâtiment brutaliste abritant trois salles, ainsi qu'une librairie, des restaurants, des bars et des lieux d'exposition accessibles à tous. Des visites thématiques permettent de découvrir l'édifice, les coulisses et l'atelier de costumes. (☎020-7452 3000 ; www.nationaltheatre.org.uk ; Upper Ground ; Ⓤ Waterloo)

Old Vic

THÉÂTRE

23 ✪ PLAN P. 132, C4

Ce théâtre à but non lucratif de 1 000 places a célébré sa 200e saison en 2018 et continue de proposer une programmation éclectique, parfois portée par des acteurs connus comme Daniel Radcliffe. (☎0344 871 7628 ; www.oldvictheatre.com ; The Cut ; Ⓤ Waterloo)

Royal Festival Hall

SALLE DE CONCERTS

24 ✪ PLAN P. 132, A3

Siège du London Philharmonic Orchestra, du London Sinfonietta et de deux autres orchestres, cette salle d'une capacité de 2 700 spectateurs fait partie des meilleures de Londres pour assister

Old Vic

à des concerts de musique actuelle comme classique, des lectures de poésie et des représentations de *spoken word*. (020-3879 9555 ; www.southbankcentre.co.uk/venues/royal-festival-hall ; Southbank Centre, Belvedere Rd ; ; U Waterloo)

Queen Elizabeth Hall

SALLE DE CONCERTS

25 PLAN P. 132, A3

Rouvert en 2018 après trois ans de rénovation, le Queen Elizabeth Hall offre un programme complet de musique de chambre et concerts divers, spectacles de danse et opéras mais à une moindre échelle que le Royal Festival Hall (p. 142), également dans le Southbank Centre (p. 135). En été, profitez du **café-bar** (12h-21h avr à mi-juin et sept-oct, 10h-22h30 mi-juin à août) sur le toit végétalisé. (020-3879 9555 ; www.southbankcentre.co.uk/venues/queen-elizabeth-hall ; Southbank Centre, Belvedere Rd ; U Waterloo)

Bridge Theatre

THÉÂTRE

26 PLAN P. 132, H3

Le premier théâtre d'importance créé à Londres depuis 80 ans occupe un espace moderne pouvant accueillir 900 spectateurs. Il monte essentiellement des pièces nouvelles, auxquelles s'ajoutent parfois quelques classiques. (0333 320 0051 ; www.bridgetheatre.co.uk ; 3 Potters Fields Park ; U London Bridge)

South Bank en scène

De l'autre côté de la Tamise, tranchant avec l'atmosphère plus collet monté de la City, South Bank était déjà un lieu de divertissement à l'époque médiévale. Le quartier concentre de nombreux théâtres, dont la reconstitution du Globe de William Shakespeare (p. 141), les salles de concert du Southbank Centre (p. 135) et le plus grand écran de cinéma du pays. Bref, l'endroit qui s'impose pour assister à un spectacle.

Shopping

Suck UK

CADEAUX ET SOUVENIRS

27 PLAN P. 132, C2

Des cadeaux si farfelus et amusants qu'on préfère les garder pour soi. Le climat londonien vous incitera peut-être à acheter un parapluie qui change de couleur une fois mouillé. À moins de vous laisser tenter par le paillasson où il est inscrit *come in* d'un côté et *go away* de l'autre. (020-7928 0855 ; www.suck.uk.com ; rdc, Oxo Tower Wharf ; 10h-19h lun-sam, 10h-17h30 dim ; U Waterloo)

Explorer

Musées de Kensington

Citadelle victorienne tirée à quatre épingles Kensington fait partie des quartiers les plus cossus de Londres. Il regroupe trois musées phares – le Victoria & Albert Museum, le Natural History Museum et le Science Museum – ainsi que de beaux parcs. Les visiteurs avides de shopping ne seront pas en reste, avec le grand magasin Harrods et pléthore de rues commerçantes. Enfin, plusieurs tables étoilées rivalisent de talent pour satisfaire les gourmets.

Notre sélection

- ***Victoria & Albert Museum (p. 146)***. *Une fabuleuse collection d'arts décoratifs et un bijou d'architecture.*
- ***Natural History Museum (p. 150)***. *Les trésors naturels de l'Empire britannique dans un écrin néo-roman.*
- ***Science Museum (p. 156)***. *Un lieu galvanisant où appréhender les sciences et techniques de façon interactive.*
- ***Hyde Park (p. 157)***. *Le poumon vert de Londres, propice à la promenade et au pique-nique.*
- ***Harrods (p. 165)***. *Un grand moment de shopping ou, du moins, de lèche-vitrine.*

Comment y aller et circuler

U Hyde Park Corner, Knightsbridge et South Kensington (Piccadilly Line) ; South Kensington, Sloane Sq et High St Kensington (Circle Line et District Line).

Les bus n[os]74, 52 et 360 desservent le quartier.

Plan du quartier p. 154

Hyde Park (p. 157) | WEI HUANG/SHUTTERSTOCK ©

Les incontournables

Victoria & Albert Museum

Unique par la diversité et la singularité des pièces exposées, la collection de ce musée dédié aux arts décoratifs, au design et à la mode n'a d'égale que son cadre grandiose. Conçu à l'origine pour éduquer le goût du public en matière de productions industrielles et artisanales, le V&A continue d'émerveiller et de surprendre en conservant sa mission didactique.

PLAN P. 154, E5

020-7942 2000

www.vam.ac.uk

Cromwell Rd, SW7

entrée libre

10h-17h45 sam-jeu, 10h-22h ven

U South Kensington

Collection

À travers 146 galeries, le musée abrite la plus grande collection d'arts décoratifs au monde : céramiques chinoises anciennes, dessins d'architecture modernistes, sabres japonais, cartons de Raphaël, tenues élisabéthaines, bijoux anciens, walkman Sony.... Le musée ferme à 22h le vendredi, mais le nombre de salles est réduit.

Entrée

Entrez sous l'éblouissant lustre en verre soufflé bleu et jaune de Dale Chihuly. Si cette "Grand Entrance" sur Cromwell Rd est trop bondée, prenez l'autre option dans Exhibition Rd. Si vous arrivez en métro, entrez par le tunnel en sous-sol.

Niveau 0

Le rez-de-chaussée est principalement consacré à l'art de l'Europe, de l'Inde et de l'Extrême-Orient. Parmi les fleurons du musée figurent les **Cast Courts** (salles 46a et 46b), des moulages en plâtre de sculptures célèbres tels les trois *David* respectifs de Michel-Ange, de Donatello et de Verrocchio ou les bas-reliefs de la colonne Trajane, rassemblés à l'époque victorienne. Citons également les cartons de tapisseries dessinés par Raphaël pour la chapelle Sixtine (salle 48a).

La **TT Tsui Gallery (Chine)** (salles 44 et 47e) présente de jolies pièces, dont une statue en bois de 1200 représentant la déesse Guanyin (forme féminine du bodhisattva Avalokitesvara) assise dans la posture de *lalitasana*. Sous la lumière tamisée de la **Japan Gallery** (salle 45), une terrifiante **armure** domaru retient particulièrement l'attention. L'**Islamic Middle East Gallery** (salle 42) réunit plus de 400 objets (céramiques, textiles, tapis, verreries, boiseries...) datant du VIIIe siècle à la veille de la Première Guerre mondiale. Pièce maîtresse, le fameux **tapis d'Ardabil** (1540) réalisé en Iran pour le shah Tahmasp est doucement éclairé toutes les 30 minutes.

★ À savoir

- Prévoyez votre visite le vendredi soir, il y a moins de monde.
- Procurez-vous un plan (1 £) à l'accueil.
- Choisissez ce que vous voulez voir et repérez le parcours avant votre visite.
- Le musée étant gratuit, inutile de vous lancer dans un marathon épuisant car vous pourrez revenir plusieurs fois.

✕ Une petite pause ?

Idéal pour une pause, le V&A Cafe (p. 162) est un bijou ; allez-y pour l'*afternoon tea*.

Pour une délicieuse cuisine libanaise, rejoignez le **Comptoir Libanais** (☎ 020-7225 5006 ; www.comptoirlibanais.com ; 1-5 Exhibition Rd, SW7 ; plats 10-15 £ ; ⏲ 8h30-minuit lun-sam, 8h30-22h30 dim ; wifi, enfants), à deux pas du métro South Kensington.

John Madejski Garden et Refreshment Rooms

Traversez le John Madejski Garden, un jardin paysager dans une vaste cour intérieure ombragée, pour rejoindre les salles Morris, Gamble et Poynter (1868) – les *Refreshment Rooms* (buvettes) d'origine – au somptueux décor victorien. Celles-ci ont été rénovées par le cabinet d'architecture MUMA, qui a aussi rafraîchi les *Medieval and Renaissance Galleries*, à droite de l'entrée principale, couvrant la période de 1350 à 1600.

Niveaux 1 et 3

Les **British Galleries** présentent tous les aspects des arts décoratifs britanniques de 1500 à 1900, aux niveaux 2 (1500-1760) et 4 (1760 1900). Le niveau 4 abrite aussi l'**Architecture Gallery** (salles 127 à 128a), qui offre une description précise des styles architecturaux au moyen de maquettes et de vidéos, et la lumineuse **Contemporary Glass Gallery** (salle 129).

Niveau 2

La **Jewellery Gallery** (salle 91) éblouit au sens propre. La mezzanine, desservie par un escalier en colimaçon alliant verre et plexiglas, scintille de joyaux, montres, coffrets en or et épées serties de gemmes. Le **Photograph Centre** (salles 100 et 101) y conserve plus de 500 000 clichés collectés depuis le milieu du XIXe siècle. **Design Since 1945** (salle 76) célèbre les classiques du design : radio Sony au format carte bancaire (1985), basket Nike "Air Max" (1992), chaise de jardin œuf de Peter Ghyczy (1968) et perche à selfies.

Niveau 4

La **Ceramics Gallery** (salles 136 à 146) renferme des pièces remarquables provenant du Moyen-Orient et d'Asie. La **Dr Susan Weber Gallery** (salles 133 à 135) célèbre le mobilier des six derniers siècles.

Expositions temporaires

À la fois passionnantes et ludiques, les expositions du V&A traitent de thèmes aussi éclectiques que David Bowie, le design automobile ou les tendances de la mode. Notez qu'elles font l'objet d'un droit d'entrée. Le musée organise aussi des conférences et des ateliers. Il dispose par ailleurs d'une boutique de premier ordre.

Visites guidées

Des visites guidées gratuites partent de l'accueil principal tous les jours à 10h30, 12h30, 13h30 et 15h30. Consultez le site Internet pour vous renseigner sur les autres visites.

Exhibition Road Building Project

L'Exhibition Road Building Project a ouvert une magnifique nouvelle entrée – via la porte conçue au XIXe siècle par sir Aston Webb – menant à la nouvelle Sackler Courtyard, ainsi qu'à la **Sainsbury Gallery**, une vaste salle souterraine consacrée aux expositions temporaires.

Le V&A à travers les âges

Fruit de la passion du prince Albert pour les arts, le V&A est né en 1852 dans le sillage du succès de l'Exposition universelle de 1851. Sa vocation : rendre l'art accessible à tous et "renforcer le goût du public en matière de design". La collection était constituée de pièces réunies dans les années 1830 et 1840 par l'École nationale de design, et d'objets achetés grâce à une dotation de 5 000 £ issue des bénéfices de l'Exposition.

Première extension

En 1857, le Museum of Manufactures, comme il s'appelait alors, déménagea pour son site actuel de South Kensington. Les collections prirent d'abord place dans plusieurs bâtiments à l'origine semi-provisoires, auxquels vinrent s'adjoindre, au fil des années, de nouvelles structures. En 1890, le conseil d'administration du musée lança un concours pour la création d'une façade sur Cromwell Rd et l'harmonisation de cet ensemble hétéroclite. Le jeune architecte Aston Webb – qui dessinera plus tard la façade du palais de Buckingham – remporta la mise. La première pierre de l'édifice fut posée en mai 1899 par la reine Victoria, et le musée prit à cette occasion son nom de Victoria & Albert Museum.

Gratuité

Lorsque les suffragettes menacèrent d'endommager les pièces des musées publics en 1913, le V&A envisagea de refuser l'accès aux femmes. Finalement, il fut choisi de supprimer les frais d'entrée pour augmenter le nombre de visiteurs et ainsi protéger la collection.

Les guerres mondiales

Le musée est resté ouvert pendant les deux conflits mondiaux. Lorsque la Grande Guerre éclata, plusieurs œuvres de Rodin avaient été prêtées au musée. Le déclenchement des hostilités empêcha leur retour en France. Rodin, touché par la solidarité des soldats anglais avec les troupes françaises, en fit don à l'institution. Le V&A fut frappé à plusieurs reprises par les bombardements allemands pendant la Seconde Guerre mondiale. La collection fut épargnée, pour l'essentiel, car elle avait en grande partie été évacuée, ou bien, comme les cartons de Raphaël, murée derrière des parois de brique.

Les incontournables

Natural History Museum

Ce Muséum d'histoire naturelle incarne la passion victorienne pour la collecte, la classification et l'interprétation du monde vivant. Avec sa superbe architecture de style néo-roman, alternance de briques aux tons bleu, sable et orangé, le bâtiment principal dessiné par Alfred Waterhouse justifie autant la visite que la collection mondialement célèbre qu'il recèle. Celle-ci connaît un énorme succès auprès des enfants, mais les adultes se laissent également séduire.

PLAN P. 154, D5

www.nhm.ac.uk

Cromwell Rd, SW7

entrée libre

10h-17h50 tlj

South Kensington

Architecture

Prenez le temps d'observer le bâtiment conçu par Alfred Waterhouse : les piliers ouvragés, bas-reliefs animaliers, sculptures de plantes et bêtes, vitraux et arches sublimes sont un chef-d'œuvre.

Hintze Hall

L'imposant hall d'entrée évoque la nef d'une cathédrale mais les sciences naturelles ne défiaient-elles pas alors les principes fondamentaux du christianisme ? Premier directeur du musée et inventeur du terme "dinosaure", le zoologiste Richard Owen considérait l'édifice comme une "cathédrale à la gloire de la nature".

Après 81 ans passés dans la Mammals Hall, un squelette de baleine bleue nommée Hope a remplacé le célèbre moulage d'un squelette de diplodocus (surnommé Dippy). Le transfert fut une entreprise technique colossale et méticuleuse, 4,5 tonnes d'os devant être démontés et réassemblés en position de plongée pour créer un effet spectaculaire.

Green Zone (zone verte)

Si les enfants adorent la Blue Zone, les adultes préfèrent généralement la Green Zone, en particulier la partie Treasures de la **Cadogan Gallery** (1er étage), où sont rassemblés les objets les plus singuliers et les plus riches de signification. On peut y observer un morceau de roche lunaire, un œuf de manchot empereur ramassé pendant l'expédition du capitaine Scott ou encore une première édition de *L'Origine des espèces* de Charles Darwin. Les gemmes et roches conservées dans le **Vault**, dont une météorite martienne et la plus grosse émeraude du monde, sont tout aussi rares et exceptionnelles. Arrêtez-vous au 2e étage pour admirer l'impressionnante coupe d'un tronc de séquoia géant vieux de 1 300 ans.

★ À savoir

- Pour avoir le musée presque pour vous seul, venez le soir.
- Arrivez dès l'ouverture le week-end ou après 14h en semaine (quand les groupes scolaires ont quitté les lieux).
- Visitez la Dinosaur Gallery en premier, avant qu'elle soit prise d'assaut.
- Pour éviter la queue devant l'entrée de Cromwell Rd, empruntez l'accès situé sur Exhibition Rd. Les détenteurs d'un billet d'exposition sont prioritaires.
- Téléchargez l'application du musée afin de repérer les pièces phares.

✕ Une petite pause ?

Le musée héberge plusieurs cafés corrects.

Vous pouvez aussi rejoindre le **Queen's Arms** (www.thequeensarmskensington.co.uk ; 30 Queen's Gate Mews, SW7 ; ⏲12h-23h ; U Gloucester Rd) pour une pinte et une savoureuse cuisine de brasserie dans une ruelle typique.

De retour au rez-de-chaussée, la **Creepy Crawlies Gallery** dévoile les aspects de la vie des insectes en précisant s'il y a lieu ou non de s'en méfier.

Blue Zone (zone bleue)

Sans conteste l'attraction numéro un, la **Dinosaurs Gallery** conduit sur une impressionnante passerelle en hauteur, d'où l'on peut voir un droméosaure (petit carnivore agile) avant de tomber sur un rugissant tyrannosaure animatronique. Le parcours serpente ensuite parmi des squelettes, fossiles, moulages et autres présentations en rapport avec les dinosaures.

Autre section phare, la **Mammals Gallery** conserve une vaste collection de mammifères, éteints ou non, dont un spécimen de diprotodon (wombat géant), le plus grand marsupial connu à ce jour, qui a disparu il y a quelque 25 000 ans. Enfin, puisque nous faisons partie du règne animal, une salle traite de la **biologie humaine** (sens, hormones, cerveau…)

Red Zone (zone rouge)

Cette section est consacrée à la nature changeante de notre planète et aux forces qui la façonnent. Dans la **Volcanoes and Earthquakes Gallery**, un simulateur de séismes recrée le tremblement de terre de Kobe (1995), dont on peut voir des extraits filmés. La genèse de notre planète est retracée dans la **From the Beginning Gallery**.

L'**Earth's Treasury** vous en apprendra plus sur les richesses minérales de la Terre et leur

T-rex animatronique, galerie des Dinosaures

utilisation au quotidien (bijouterie, construction, électronique...). L'évolution de l'espèce humaine abordée dans la **Human Evolution Gallery** nous met face à l'étonnante reconstitution du plus vieil *Homo sapiens* mis au jour en Grande-Bretagne, l'homme de Cheddar, qui vécut il y a environ 10 000 ans.

L'accès à la plupart des galeries de la Red Zone se fait par l'**Earth Hall** et un escalier mécanique menant à l'intérieur d'une immense sculpture métallique de la Terre. À sa base se trouve le **squelette de stégosaure** le plus complet au monde (Sophie pour les intimes).

Orange Zone (zone orange)

Le **Darwin Centre** forme le cœur du musée. Les deux derniers étages du stupéfiant "cocon" sont consacrés à la présentation de la recherche telle qu'elle est pratiquée ici – observez les scientifiques au travail à travers les vitres.

Entrez dans l'**Attenborough Studio** pour assister à l'une des conférences quotidiennes données par les chercheurs du musée. Des films y sont projetés toute la journée.

Wildlife Garden

Ce morceau de campagne anglaise dans South Kensington, promis à des agrandissements, réunit plusieurs types d'habitat des plaines britanniques, dont une prairie clôturée avec son portail de ferme, un arbre hébergeant une colonie d'abeilles mellifères et une mare. Des moutons de race Greyface Dartmoor y ont également pris leurs quartiers. Les ornithologues amateurs repéreront poules d'eau, roitelets et chardonnerets.

Expositions

Le musée accueille régulièrement des expositions temporaires payantes ; consultez le site Web. Chaque automne, le concours **Wildlife Photographer of the Year** (adulte/enfant 13,95/8,25 £, famille 29-39,50 £ ; ⏲oct-déc) présente des photographies animalières sensationnelles.

Boutique

Outre les figurines de dinosaures et les animaux en peluche, la boutique propose une vaste et brillante collection de livres pour enfants sur la nature, les animaux et, bien sûr, les dinosaures. Les adultes trouveront de beaux bijoux et articles de papeterie.

Patinoire au musée

Des environs de Halloween jusqu'au mois de janvier, une partie du musée proche de l'East Lawn se transforme en patinoire très fréquentée, assortie d'un stand de boissons chaudes. Réservez un créneau bien à l'avance (www.ticketmaster.co.uk), visitez le musée et revenez ensuite pour vous élancer sur la glace.

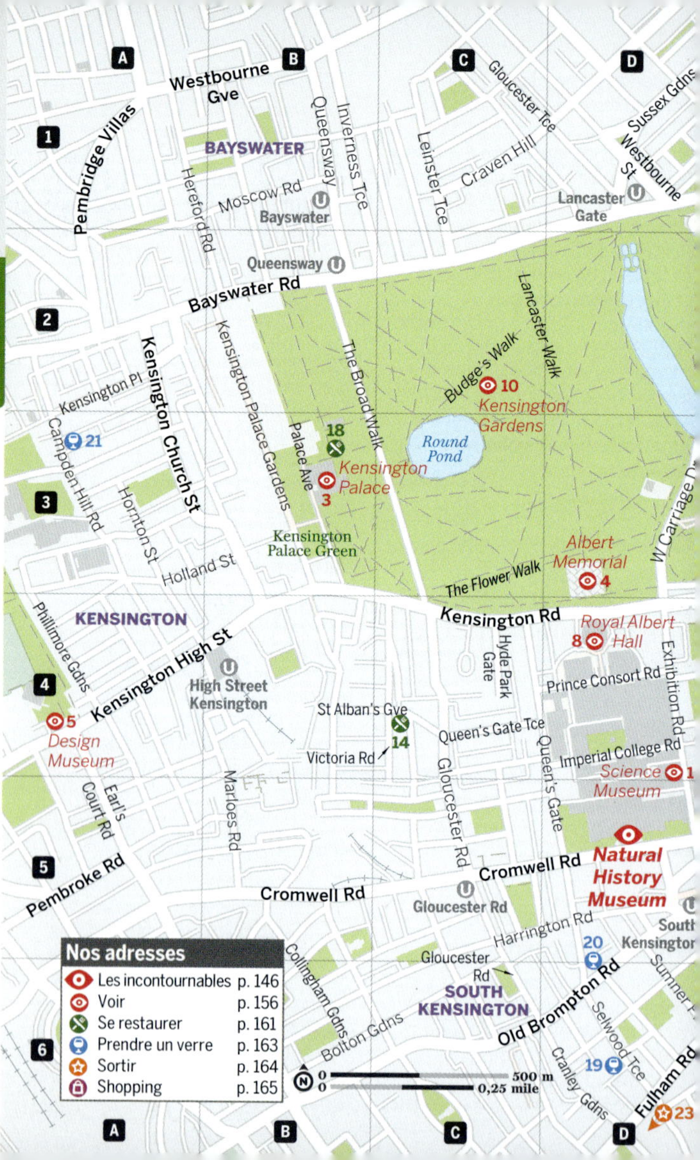
A
B
C
D
1
2
3
4
5
6
Westbourne Gve
Pembridge Villas
BAYSWATER
Hereford Rd
Moscow Rd
Queensway
Inverness Tce
Bayswater
Queensway
Leinster Tce
Gloucester Tce
Craven Hill
Sussex Gdns
Westbourne St
Lancaster Gate
Bayswater Rd
Kensington Church St
Kensington Pl
Campden Hill Rd
21
Kensington Palace Gardens
Palace Ave
The Broad Walk
18
Kensington Palace
3
Lancaster Walk
Budge's Walk
10
Kensington Gardens
Round Pond
Hornton St
Holland St
Kensington Palace Green
Albert Memorial
4
The Flower Walk
W Carriage Dr
Kensington Rd
KENSINGTON
Phillimore Gdns
Kensington High St
High Street Kensington
5
Design Museum
Hyde Park Gate
Royal Albert Hall
8
Exhibition Rd
Prince Consort Rd
St Alban's Gve
14
Queen's Gate Tce
Victoria Rd
Imperial College Rd
Science Museum
1
Earl's Court Rd
Marloes Rd
Gloucester Rd
Queen's Gate
Natural History Museum
Pembroke Rd
Cromwell Rd
Cromwell Rd
Gloucester Rd
Harrington Rd
South Kensington
20
Collingham Gdns
Gloucester Rd
SOUTH KENSINGTON
Old Brompton Rd
Sumner Pl
Bolton Gdns
Selwood Tce
19
Cranley Gdns
Fulham Rd
23
0 500 m
0 0,25 mile
Nos adresses
Les incontournables p. 146
Voir p. 156
Se restaurer p. 161
Prendre un verre p. 163
Sortir p. 164
Shopping p. 165

E
F
G
H
Edgware Rd
Seymour St
Oxford St
New Bond St
Connaught St
Hyde Park St
Marble Arch
Marble Arch
9
Bayswater Rd
Duke St
Brook St
North Audley St
Park St
Speakers' Corner
The Ring
North Ride
Grosvenor St
Mount St
South Audley St
Park La
2
Hyde Park
Charles St
Curzon St
Hertford St
Piccadilly
Green Park
3
The Serpentine
Serpentine Rd
Apsley House
7
Rotten Row
12
Wellington Arch
13
Knightsbridge
Hyde Park Corner
S Carriage Dr
26
Knightsbridge
Jardins du palais de Buckingham
Knightsbridge
Lowndes St
Rutland Gate
Ennismore Gdns
KNIGHTSBRIDGE
Grosvenor Pl
Brompton Rd
Sloane St
Belgrave Sq
Belgrave Sq
4
25
22
Eaton Pl
Hobart Pl
Grosvenor Gardens
Victoria & Albert Museum
Beauchamp Pl
Pont St
Eaton Sq
Eaton Sq
Eaton Sq
Victoria
Thurloe Pl
Thurloe St
Walton St
Cadogan Sq
Sloane St
Buckingham Palace Rd
5
Milner St
Elizabeth St
15
16
South Eace Pl
6
Michelin House
Draycott Ave
Sloane Ave
Eaton Tce
Gare routière de Victoria
Onslow Sq
Draycott Pl
24
Sloane Sq
CHELSEA
Astell St
King's Rd
Lower Sloane St
Warwick Way
Elystan Pl
Pimlico Rd
Cale St
6
Sydney St
11
King's Road
Ebury Bridge Rd
Royal Hospital Rd
Chelsea Bridge
E
F
G
H

Voir

Science Museum

MUSÉE

1 PLAN P. 154, D4

Cet extraordinaire musée des Sciences fascine petits et grands avec ses sept niveaux d'installations interactives. De la naissance de la technologie à la conquête de l'espace. Au rez-de-chaussée, l'incontournable **Exploring Space Gallery** rassemble de véritables fusées et satellites, ainsi que la reproduction grandeur nature du module *Eagle* qui déposa Armstrong et Aldrin sur la Lune en 1969. La **Making the Modern World Gallery** voisine est un festival de locomotives, avions et automobiles.

Le 1er étage embrasse une foule de sujets. L'**Information Age Gallery** illustre comment les technologies de la communication, du télégraphe au smartphone, ont transformé nos vies depuis le XIXe siècle. La première radiodiffusion de la BBC et un superordinateur BESM-6 soviétique retiennent particulièrement l'attention. Le **Clockmaker's Museum** donne à voir une collection de pièces d'horlogerie, tandis que la **Mathematics: the Winton Gallery**, conçue par l'architecte Zaha Hadid, montre comment les mathématiques façonnent notre quotidien. Les **Medicine Galleries**, ouvertes en 2019, explorent l'univers médical à travers des objets issus du fonds du musée et de la collection de l'industriel en pharmacie Sir Henry Wellcome (1853-1936).

Kensington Palace

Au 2e étage, les avions, planeurs et montgolfières de la **Flight Gallery** (visite gratuite à 13h presque tous les jours) ont la faveur des enfants. On peut voir entre autres *Jason I*, le biplan De Havilland Gipsy Moth à bord duquel Amy Johnson fut la première femme à effectuer en solitaire le raid Grande-Bretagne-Australie en 1930. Le reste de l'étage est consacré à des simulateurs de vol : Red Arrows 3D (5 £), pour voler avec la patrouille de la Royal Air Force ; les capsules Fly 360° (12 £ chacune) ; Typhoon Force (5 £), la mission d'un avion de chasse à basse altitude ; Space Descent (7 £), une expérience de réalité virtuelle en compagnie de l'astronaute britannique Tim Peake. Toujours au 2e étage, les démonstrations quotidiennes du **Wonderlab: The Equinor Gallery** (adulte/enfant 10/8 £) explorent les phénomènes scientifiques de façon ludique et pédagogique.

Si vous avez des enfants de moins de 5 ans, rejoignez le sous-sol et le **Garden** où se trouve un espace de jeux, doté notamment d'activités aquatiques. (☎ 020-7942 4000, 0333 241 4000 ; www.sciencemuseum.org.uk ; Exhibition Rd, SW7 ; entrée libre ; ⏲ 10h-18h, dernière entrée 17h15 ; 👪 ; U South Kensington)

Hyde Park

PARC

2 ◉ PLAN P. 154, F2

Hyde Park constitue le plus grand espace vert de la capitale. Henry VIII le confisqua à l'Église en 1536 pour en faire une chasse royale. Théâtre de duels, d'exécutions et de courses hippiques, il accueillit l'Exposition universelle en 1851, avant d'être reconverti en immense champ de pommes de terre pendant la Seconde Guerre mondiale. Aujourd'hui, le parc invite à se promener, pique-niquer, glisser en barque ou en pédalo sur le lac artificiel Serpentine, voire assister à un concert ou à une séance de cinéma en plein air à la belle saison. (www.royalparks.org.uk/parks/hyde-park ; ⏲ 5h-minuit ; U Marble Arch, Hyde Park Corner, Knightsbridge ou Queensway)

Le cimetière pour animaux de Hyde Park

Dans un petit cimetière proche de Victoria Gate, du côté nord de Hyde Park, reposent plus d'un millier de chiens, chats et autres animaux domestiques. Il a été fondé en 1881 et a accueilli son dernier défunt à quatre pattes en 1903. Émaillé de pierres tombales miniatures, hommages des maîtres à leurs petits chéris, l'endroit se visite le 2e vendredi du mois dans le cadre des circuits Hidden Stories of Hyde Park (10 £ ; www.royalparks.org.uk).

Kensington Palace

PALAIS

3 ◉ PLAN P. 154, B3

Construit en 1605, le palais devint la résidence royale principale sous Guillaume d'Orange

Speakers' Corner

Fréquenté par Karl Marx, Lénine, George Orwell et William Morris, le **Speakers' Corner** (plan p. 154, F1 ; Park Lane ; U Marble Arch), à l'angle nord-est de Hyde Park, sert traditionnellement de tribune publique et de lieu d'acrobaties oratoires. Si vous avez quelque chose sur le cœur, venez le dimanche, mais préparez-vous à être entouré de marginaux, de fanatiques religieux et d'agitateurs.

Il s'agit du seul endroit en Grande-Bretagne où des manifestants peuvent se rassembler sans l'autorisation de la police. Cette concession a été accordée en 1872 à la suite d'émeutes intervenues dix-sept ans plus tôt, quand 150 000 travailleurs protestant contre la Sunday Trading Bill (loi autorisant l'ouverture des commerces le dimanche) furent soudain pris en embuscade par les forces de l'ordre dissimulées dans Marble Arch. Certains historiens relient aussi le Speakers' Corner au gibet de Tyburn voisin, où les condamnés à mort pouvaient s'adresser à la foule avant d'être pendus.

et Marie Stuart en 1689, et le resta jusqu'à l'avènement de George III qui le quitta pour le palais de Buckingham. Des membres éminents de la famille royale – le duc et la duchesse de Cambridge (William et Kate) – y demeurent encore aujourd'hui, mais une grande partie du palais est ouverte au public, dont les appartements d'État du roi et de la reine. (www.hrp.org.uk/kensington-palace ; Kensington Gardens, W8 ; adulte/enfant 21,50/10,70 £, tarifs réduits lun-ven après 14h ; 10h-18h, 10h-16h nov-fév ; U High St Kensington)

Albert Memorial MONUMENT

4 PLAN P. 154, D3

Cette construction victorienne érigée en 1872 en lisière sud des Kensington Gardens est aussi ostentatoire qu'était discret l'homme auquel elle rend hommage. Albert de Saxe-Cobourg-Gotha (1819-1861), le modeste époux allemand de la reine Victoria, avait précisé qu'il ne voulait pas de monument à sa gloire. Ignorant sa volonté, le lord-maire commanda à George Gilbert Scott ce mémorial néogothique tape-à-l'œil de 53 m. Des sculptures représentant les continents (Asie, Europe, Afrique et Amérique), les arts, l'industrie et les sciences entourent le baldaquin protégeant la statue dorée du prince. (visites 0300 061 2270 ; Kensington Gardens ; visites 10 £ ; visite 14h le 1er dim du mois 1 mois sur 2 avr-oct ; U Knightsbridge ou Gloucester Rd)

Design Museum MUSÉE

5 PLAN P. 154, A4

Le musée du design contemporain a été transféré en 2016 des

bords de la Tamise à l'ancien Commonwealth Institute, une construction de 1960 proche de Holland Park, relookée à grand frais. Tout en sapin de Douglas et marbre, l'intérieur splendide accueille une collection permanente d'objets, meubles, projets architecturaux et œuvres graphiques, de même que des expositions temporaires. (020-3862 5900 ; www.designmuseum.org ; 224-238 Kensington High St, W8 ; entrée libre ; 10h-18h, 10h-20h ou 21h le 1er ven du mois ; U High St Kensington)

Michelin House ÉDIFICE HISTORIQUE

6 PLAN P. 154, E5

Bâti par François Espinasse pour l'entreprise Michelin entre 1905 et 1911, puis entièrement restauré en 1985, cet édifice brouille les frontières entre Art nouveau et Art déco. L'emblématique Bibendum apparaît sur de beaux vitraux modernes (les originaux, retirés au début de la Seconde Guerre mondiale et conservés dans l'usine Michelin de Stoke-on-Trent, ont disparu) et des carreaux représentant des automobiles du début du XXe siècle ornent le hall. (81 Fulham Rd, SW3 ; U South Kensington)

Apsley House DEMEURE HISTORIQUE

7 PLAN P. 154, H3

Jadis surnommée *Number one London* – c'était la première bâtisse qu'on apercevait en arrivant à Londres par l'ouest –, cette majestueuse demeure (1771-1778) fut imaginée par Robert Adam pour le baron Apsley, avant d'être achetée en 1817 par le premier duc de

Albert Memorial

Wellington, vainqueur de Napoléon à Waterloo, qui y vécut jusqu'à sa mort en 1852. Entre autres souvenirs du duc, son masque mortuaire est exposé dans la **galerie du sous-sol**. Au 1er étage, la **Waterloo Gallery** réunit des toiles de Vélasquez, Rubens, Van Dyck, Brueghel, Murillo et Goya, ainsi qu'une incroyable collection de porcelaine et d'argenterie. (☎020-7499 5676 ; www.english-heritage.org.uk/visit/places/apsley-house/ ; 149 Piccadilly, Hyde Park Corner, W1 ; adulte/enfant 10,50/6,30 £, avec Wellington Arch 13,60/8,20 £ ; ⊙11h-17h mer-dim avr-oct, 10h-16h sam-dim nov-mars ; Ⓤ Hyde Park Corner)

Royal Albert Hall ÉDIFICE HISTORIQUE

8 ⊙ PLAN P. 154, D4

Construit en 1871, en partie grâce aux recettes de l'Exposition universelle de 1851 organisée par le prince Albert, cet immense amphithéâtre de brique rouge, coiffé d'un dôme et orné d'une frise en céramique de la manufacture Minton, est la salle de concerts la plus célèbre de Grande-Bretagne. Les Promenade Concerts (ou Proms) de la BBC s'y déroulent chaque été. L'intéressant **grand tour** (1 heure ; adulte/enfant 14,25/7,25 £ ; ⊙ttes les heures 9h30-16h30 avr-oct, 10h-16h nov-mars), proposé presque tous les jours vous fera découvrir son histoire et ses liens avec la royauté. (☎0845 401 5034, billetterie 020-7589 8212 ; www.royalalberthall.com ; Kensington Gore, SW7 ; Ⓤ South Kensington)

Marble Arch MONUMENT

9 ⊙ PLAN P. 154, F1

Conçu par John Nash en 1828, cet imposant arc de triomphe blanc fut retiré en 1851 de son emplacement d'origine, devant le palais de Buckingham. Si l'endroit réveille l'anarchiste qui sommeille en vous, franchissez le portail central : selon une loi (non appliquée), ce privilège est réservé à la famille royale et à la King's Troop Royal Horse Artillery. (Ⓤ Marble Arch)

Kensington Gardens JARDINS

10 ⊙ PLAN P. 154, C2

Harmonieux ensemble de pelouses soignées, d'avenues ombragées et de bassins, juste à l'ouest de Hyde Park, les pittoresques Kensington Gardens formaient autrefois les jardins du Kensington Palace, situé à leur extrémité ouest. Les abords du Round Pond, le grand bassin ornemental devant le palais, se prêtent à une agréable promenade. De même les Italian Gardens, présent du prince Albert à la reine Victoria, égayés de jolies fontaines et d'un café. Au nord-ouest, le Diana, Princess of Wales Memorial Playground est une aire de jeux pour enfants plus ambitieuse que la moyenne. À côté se dresse l'Elfin Oak, la souche d'un chêne vieux de 900 ans peuplée d'une multitude d'elfes, de sorcières et de lutins sculptés. (☎0300 061 2000 ; www.royalparks.org.uk/parks/kensington-gardens ; ⊙6h-coucher du soleil ; Ⓤ Queensway ou Lancaster Gate)

King's Road

RUE

11 PLAN P. 154, F6

Bastion de la contre-culture londonienne dans les années 1960 et 1970 (James Bond, l'espion de Ian Fleming, résidait non loin), King's Rd est désormais une avenue commerçante, bordée d'enseignes de prêt-à-porter et de quelques boutiques spécialisées, où même les chiens sont chics. Les derniers punks à crête iroquoise – autrefois véritable attraction touristique – ont déserté les lieux dans les années 1990. (U Sloane Sq)

Wellington Arch

MUSÉE

12 PLAN P. 154, H3

Dominant l'espace vert au milieu du rond-point de Hyde Park Corner, cette imposante arche néoclassique de 1826 faisait initialement face au Hyde Park Screen, avant d'être déplacée en 1882 pour permettre l'élargissement de la voirie. Occupée par un poste de police jusqu'en 1992, elle renferme un musée sur quatre niveaux illustrant son histoire, des salles réservées aux expositions temporaires et une boutique-cadeaux. La vue depuis les terrasses à ciel ouvert (desservies par un ascenseur) embrasse Hyde Park, Buckingham Palace et le Mall. (www.english-heritage.org.uk/visit/places/wellington-arch/ ; Hyde Park Corner, W1 ; adulte/enfant/fam 5,70/3,40 £/14,80 £, avec Apsley House 13,60/8,20/35,40 £, ; 10h-18h avr-sept, 10h-16h nov-mars ; U Hyde Park Corner)

Garde montée

La garde à cheval de la reine s'élance chaque jour à 10h28 (9h28 le dimanche) des Hyde Park Barracks pour se rendre à la Horse Guards Parade pour la relève de la garde, un rituel qui remonte à 1660. Le cortège passe par Hyde Park Corner (y compris sous Wellington Arch), Constitution Hill et le Mall. La cérémonie est moins fréquentée que la relève de la garde du palais de Buckingham et l'on peut être plus proche de l'action.

Se restaurer

Dinner by Heston Blumenthal

BRITANNIQUE MODERNE £££

13 PLAN P. 154, F3

Véritable tour de force gastronomique, ce splendide établissement doublement étoilé au Michelin invite à une plongée dans l'histoire de la cuisine britannique, revisitée avec créativité. Les plats, inspirés d'événements, de faits et de recettes remontant jusqu'au XIIIe siècle, portent tous une date qui les replace dans le temps. Quant à la salle, c'est un chef-d'œuvre de design, de la cuisine aux parois vitrées jusqu'au mécanisme d'horloge suspendu au plafond, en passant par les grandes fenêtres donnant sur le parc. (020-7201 3833 ; www.dinnerbyheston.com ; Mandarin Oriental Hyde Park, 66 Knightsbridge, SW1 ; menu déj 3 plats 48 £, plats 44-52 £ ; 12h-14h15 et 18h-21h30 dim-mer, 12h-14h30 et 18h-22h jeu-sam ; ; U Knightsbridge)

Launceston Place

BRITANNIQUE MODERNE £££

14 PLAN P. 154, C4

Summum du chic, ce beau restaurant étoilé au Michelin passe pourtant presque inaperçu dans une rue de Kensington bordée de maisons édouardiennes. Les mets du chef londonien Ben Murphy, nec plus ultra de la gastronomie, s'accompagnent d'une carte des vins primée. Le menu dégustation de huit plats (85 £) peut être adapté aux végétariens et végétaliens. (020-7937 6912 ; www.launcestonplace-restaurant.co.uk ; 1a Launceston Pl, W8 ; plats 22-34 £, formule déj 2/3 plats 25/29 £, dîner 2/3 plats 55/65 £ ; 12h-14h30 mar-sam,t, 18h-22h lun-sam et 18h30-21h dim ; ; U Gloucester Rd ou High St Kensington)

A Wong

CHINOIS ££

15 PLAN P. 154, H5

Plaisant et décontracté, ce deux étoiles Michelin excelle dans les *dim sum* au déjeuner mais propose aussi de savoureuses spécialités de différentes régions chinoises telles que *xiao long bao* (raviolis) de Shanghai, *roujiamo* (petit pain plat garni d'agneau émincé) du Shaanxi, *doufuhua* ("fleur de tofu") de Chengdu, aubergines relevées du Sichuan, canard laqué pékinois, toutes délicieusement réinterprétées. (020-7828 8931 ; www.awong.co.uk ; 70 Wilton Rd, SW1 ; dim sum à partir de 2,50 £/pièce, plats 11-35 £, menu "Taste of China" 100 £ ; 12h-14h30 et 17h30-122h mar-sam ; U Victoria)

Pimlico Fresh

CAFÉ £

16 PLAN P. 154, H5

Ce sympathique café vous recevra agréablement dans ses deux salles pour le petit-déjeuner (pain perdu, porridge au miel, au sirop d'érable...), le déjeuner (quiches et soupes maison, tartines garnies...) ou simplement un bon vieux café crème avec une pâtisserie. (020-7932 0030 ; 86 Wilton Rd, SW1 ; plats à partir de 3,50 £ ; 7h30-19h30 lun-ven, 9h-18h sam-dim ; U Victoria)

V&A Cafe

CAFÉ £

17 PLAN P. 154, E4

Les salles Morris, Gamble et Poynter (1868), apothéose du style victorien, comptent parmi les plus anciens cafés de musée au monde. On peut aujourd'hui encore profiter de leur décor exceptionnel devant un large choix de plats chauds et froids. Cerise sur le gâteau : un pianiste assure l'ambiance musicale. (020-7581 2159 ; www.vam.ac.uk/info/va-cafe ; Victoria & Albert Museum, Cromwell Rd, SW7 ; plats 7,45-13,50 £ ; 10h-17h10 sam-jeu, 10h-21h15 ven ; ; U South Kensington)

V&A Cafe

Kensington Palace Pavilion

BRITANNIQUE ££

18 PLAN P. 154, B3

Remplaçant temporaire de The Orangery, actuellement en rénovation, le Kensington Palace Pavilion n'a pas son cachet historique mais propose la même carte de petits-déjeuners, de plats légers à midi et, surtout, un *afternoon tea* de premier ordre, dont les sandwichs, scones et gâteaux élégamment présentés vous redonneront des forces après la visite de Kensington Palace (p. 157). Pour la jouer encore plus classe, commandez le *Royal Afternoon Tea*. (☎ 020-3166 6114 ; www.kensingtonpalacepavilion.co.uk ; Kensington Gardens, W8 ; *afternoon tea* 34 £, *royal afternoon tea* 88 £ ; 10h-18h ; ; U High St Kensington)

Prendre un verre

Anglesea Arms

PUB

19 PLAN P. 154, D6

Depuis des décennies, des clients (notamment Charles Dickens, qui vivait dans la même rue, et D.H. Lawrence) viennent boire une *ale* dans ce pub chargé de caractère et au vaste choix de bières et de gins. En été, la terrasse fourmille de clients. C'est ici que le criminel Bruce Reynolds aurait organisé l'attaque du train postal Glasgow-Londres (☎ 020-7373 7960 ; www.angleseaarms.com ; 15 Selwood Tce, SW7 ; 11h-23h lun-sam, 11h-22h30 dim ; U South Kensington)

K Bar

BAR À COCKTAILS

20 PLAN P. 154, D5

Dans un coin de la ville dépourvu de choix, ce bar d'hôtel ne manque pas de panache. Le cadre raffiné – comptoir en cuir et marbre vert, boiseries en chêne, lustres étincelants – va de pair avec des cocktails stylés et une clientèle argentée. (020-7589 6300 ; www.doylecollection.com/hotels/the-kensington-hotel/dining/; 109-113 Queen's Gate, SW7 ; cocktails 10 £ ; 16h-minuit lun-jeu, 16h-1h ven, 12h-1h sam, 12h-23h dim ; ; U South Kensington)

Windsor Castle

PUB

21 PLAN P. 154, A3

Ce pub d'antan vaut le détour pour son intérieur en bois sombre compartimenté à l'ancienne, son feu de cheminée qui crépite en hiver, son charmant *beer garden* estival et ses habitués affables en toute saison. Honnête choix de bières et solide carte de brasserie gastronomique. (020-7243 8797 ; www.thewindsorcastlekensington.co.uk ; 114 Campden Hill Rd, W11 ; 12h-23h lun-sam, 12h-22h30 dim ; ; U Notting Hill Gate)

Royal Albert Hall

The Coffee Bar

CAFÉ

22 PLAN P. 154, F4

Quand vous en aurez plein les jambes de piétiner dans les rayons de Harrods, direction le comptoir curviligne de style Art déco du Roastery and Bake Hall pour une pause expresso de qualité au milieu de la frénésie de shopping, ou bien, un cocktail à base de café le soir. Places assises limitées à 45 minutes. (www.harrods.com ; Harrods, 87-135 Brompton Rd, SW1 ; 10h-21h lun-sam, 11h30-18h dim ; ; U Knightsbridge)

Sortir

Royal Albert Hall

SALLE DE CONCERTS

Cette splendide salle de concerts (voir 8 Plan p. 154, D4), où l'on vient écouter, entre autres, de la musique classique ou du rock, est surtout connue pour le festival BBC Proms. Il est possible de réserver, mais de mi-juillet à mi-septembre, les spectateurs font aussi la queue pour les places debout à 5 £, mises en vente une heure avant le lever de rideau. Sinon, l'achat et le retrait des billets se font porte 12 (côté sud du bâtiment). (☎ 0845 401 5034, billeterie 020-7589 8212 ; www.royalalberthall.com ; Kensington Gore, SW7 ; U South Kensington)

606 Club

BLUES, JAZZ

23 ✪ PLAN P. 154, D6

Baptisé d'après son ancienne adresse située au 606 King's Rd, ce club (qui est aussi un restaurant) ouvert depuis 1976 ensorcela les fans de jazz de Londres dans les années 1980. Il est aujourd'hui niché dans un sous-sol, où il met chaque soir en vedette des jazzmen britanniques. Seuls les clients dînant au restaurant peuvent commander de l'alcool. Cuisine aux influences européennes et moyen-orientales. Réservation vivement conseillée si vous souhaitez avoir une table. (☎ 020-7352 5953 ; www.606club.co.uk ; 90 Lots Rd, SW10 ; à partir de 10 £ ; ⏲ à partir de 18h30 dim-jeu, 19h ven-sam ; U Imperial Wharf)

Shopping

John Sandoe Books

LIVRES

24 PLAN P. 154, F6

Installée dans un bâtiment du XVIIIe siècle, cette librairie sur trois niveaux possède son propre univers, à mille lieues des grandes enseignes sans âme. Les amoureux de littérature y dénichent des perles et des curiosités depuis plus de soixante ans. (☎ 020-7589 9473 ; www.johnsandoe.com ; 10 Blacklands Tce, SW3 ; ⏲ 9h30-18h30 lun-sam, 11h-17h dim ; U Sloane Sq)

Harrods

GRAND MAGASIN

25 PLAN P. 154, F4

À la fois tapageur et raffiné (mais toujours bondé), Harrods est une étape obligatoire pour tout visiteur, qu'il dispose d'un budget serré ou illimité. L'éventail de produits est renversant, tout comme certains prix. Le rez-de-chaussée – sacs de créateurs, rayon parfumerie aux fragrances mêlées et comptoirs de restauration alléchants – vous occupera à lui seul un bon moment. (☎ 020-7730 1234 ; www.harrods.com ; 87-135 Brompton Rd, SW1 ; ⏲ 10h-21h lun-sam, 11h30-18h dim ; U Knightsbridge)

Harvey Nichols

GRAND MAGASIN

26 PLAN P. 154, F3

Le temple londonien du luxe réunit des sacs griffés, la meilleure gamme de denims de la ville, un vaste département de cosmétiques incluant des lignes exclusives et de superbes bijoux. Notez que les grands magasins n'ayant pas le droit de vendre le dimanche avant midi, vous devrez vous contenter de regarder pendant la première demi-heure d'ouverture. Restaurant **Fifth Floor** et espace restauration au 5e étage. (☎ 020-7235 5000 ; www.harveynichols.com ; 109-125 Knightsbridge, SW1 ; ⏲ 10h-20h lun-sam, 11h30-18h dim ; U Knightsbridge)

Promenade à pied

Un samedi à Notting Hill

C'est le samedi que Notting Hill est le plus animé. Le marché de Portobello se pare de couleurs, et d'excellentes adresses placent la journée sous le signe du shopping, de la gastronomie et de la cinéphilie dans un cadre historique.

Comment y aller

Départ Notting Hill Gate U, sur les lignes Circle, District et Central.

Arrivée Ladbroke Grove U, sur les lignes Hammersmith & City et Circle.

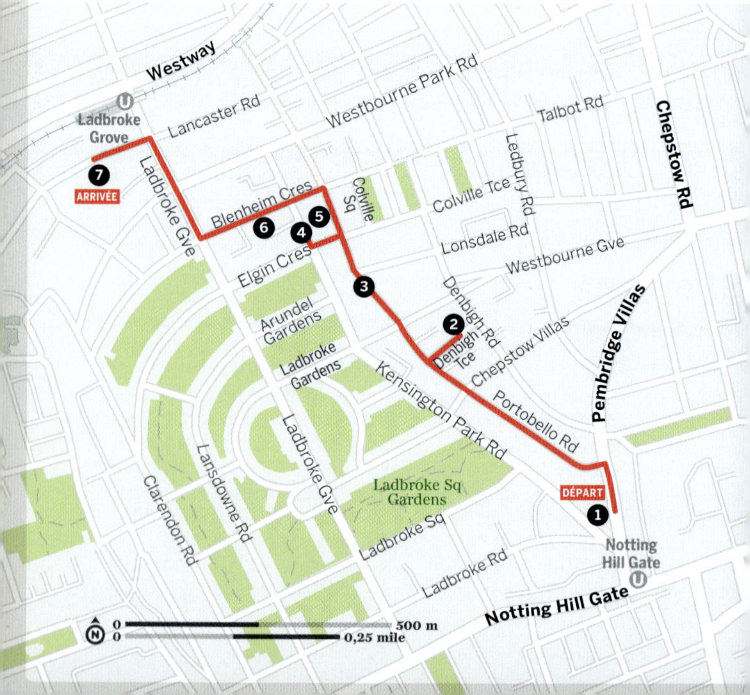

❶ Un petit en-cas

Située près de la station de métro de Notting Hill Gate et sur le chemin du marché de Portobello, l'**Arancina** (www.arancina.co.uk ; 19 Pembridge Rd, W11 ; plats 3,30-23 £ ; 8h-23h lun-sam, 9h-23h dim) ne passe pas inaperçue, avec sa Fiat 500 orange en vitrine. C'est une bonne adresse pour manger sur le pouce *arancine* (boules de riz farcies et frites) et pizzas, arrosées de bière artisanale ou de vin rouge.

❷ Une rue en couleur

Entrez dans **Denbigh Terrace** voir sa rangée de maisons de ville aux couleurs éclatantes du côté sud de la rue.

❸ Flânerie sur le marché de Portobello

Suivez Portobello Rd jusqu'au célèbre **Portobello Road Market** (www.portobellomarket.org ; Portobello Rd, W10 ; 9h-18h lun-mer, 9h-19h ven-sam, 9h-13h jeu). Ce marché mêle des stands d'alimentation, d'antiquités, de vêtements bariolés et de babioles.

❹ Chasse aux livres

Tournez à gauche pour rejoindre la petite librairie **Lutyens & Rubinstein** (www.lutyensrubinstein.co.uk ; 21 Kensington Park Rd, W11 ; 10h-18h lun et sam, 10h 18h30 mar-ven, 11h-17h dim) créée par deux agents littéraire. Un objectif : la qualité de l'écriture. Ils ont constitué son stock en consultant des centaines de lecteurs.

❺ Un film et un burger

Poursuivez dans Portobello Rd jusqu'à l'**Electric Cinema** (www.electriccinema.co.uk ; 191 Portobello Rd, W11 ; tickets 17,50-45 £), l'un des premiers cinémas du Royaume-Uni, équipé de somptueux fauteuils, canapés et repose-pieds en cuir, et même de lits doubles au premier rang ! Allez ensuite déguster un excellent burger chez **Honest Burgers** (www.honestburgers.co.uk ; 189 Portobello Rd, W11 ; plats 9-14 £ ; 11h-23h lun-sam, 11h-22h dim).

❻ Blenheim Crescent

Prenez Blenheim Cres pour découvrir ses boutiques. **Ceramica Blue** (www.ceramicablue.co.uk ; 10 Blenheim Cres, W11 ; 10h-18h30 lun-sam, 11h-17h dim) vend de la vaisselle et **Notting Hill Bookshop** (www.thenottinghillbookshop.co.uk ; 13 Blenheim Cres ; 9h-19h lun-sam, 10h-18h dim) a inspiré la librairie de la romance culte *Coup de foudre à Notting Hill*.

❼ Séquence nostalgie

Prenez à gauche depuis Ladbroke Grove, vers l'excellent **Museum of Brands** (www.museumofbrands.com ; 111-117 Lancaster Rd, W11 ; adulte/enfant/fam 9/5/24 £ ; 10h-18h lun-sam, 11h-17h dim), qui retrace l'histoire de la culture de la consommation. Il amusera les enfants et rendra les adultes nostalgiques devant les emballages rétro et certains produits phares de leur jeunesse, aujourd'hui vintage.

G
PAM BAN
PAMBAN
CAMDEN
THE PROBLEM
with being
PUNCTUAL
is that nobody's there to
APPRECIATE IT

Explorer

Regent's Park et Camden

Regent's Park, Camden Market et Hampstead Heath comptent parmi les meilleures excursions dans le nord de Londres. Camden dégage une énergie communicative et se distingue par sa vie nocturne, tandis que Regent's Park constitue un havre de paix au milieu de l'animation qui règne alentour. Hampstead Heath, apprécié des Londoniens le week-end, offre une magnifique escapade en plein air.

Notre sélection

- ***Camden Market (p. 174)***. *Le marché culte de la contre-culture, toujours vibrant.*
- ***Hampstead Heath (p. 174)***. *Un vaste espace vert d'où contempler Londres du haut de Parliament Hill.*
- ***ZSL London Zoo (p. 175)***. *Le plus vieux zoo du monde, soucieux du bien-être de ses pensionnaires.*
- ***Regent's Park (p. 175)***. *Le plus étendu et le plus sophistiqué des parcs royaux du centre de Londres.*
- ***Madame Tussauds (p. 175)***. *Un musée de cire de renommée internationale où retrouver toutes ses idoles.*

Comment y aller et circuler

U Baker St (sur les lignes Jubilee, Metropolitan, Circle, Hammersmith & City et Bakerloo) est pratique pour rejoindre Regent's Park. Les stations Camden Town et Chalk Farm, sur la Northern Line, se trouvent à Camden. Hampstead est aussi sur la Northern Line.

Plan du quartier p. 172

Camden Market (p. 174) GIORGIO ROSSI/SHUTTERSTOCK ©

Promenade à pied

Les incontournables de North London

Parcs, marchés ou rives des canaux offrent plus d'une occasion pour flâner, ce qui n'est pas le moindre des attraits de North London. Cet itinéraire inclut des lieux parmi les plus charmants et les sites à ne pas manquer. Si possible, restez le soir pour profiter des fantastiques concerts de Camden.

La promenade

Départ Madame Tussauds ; U Baker St

Arrivée Lock Tavern ; U Chalk Farm

Distance 4 km

Durée 2 heures 30

❶ Madame Tussauds

N'oubliez de vous immortaliser avec vos idoles dans ce célébrissime musée de cire (p. 175) parmi la galerie d'hommes d'État passés et présents, sportifs, acteurs, chanteurs et personnages de films.

❷ Regent's Park

Descendez Marylebone Rd et tournez à gauche dans York Gate pour rejoindre Regent's Park (p. 175) par le York Bridge. Suivez la rive du **plan d'eau** pour explorer les endroits les plus enchanteurs du parc avant d'obliquer à l'est vers le **Broad Walk**, l'allée principale du parc.

❸ London Zoo

Découvrez le célèbre zoo de Londres (p. 175), où les enclos reproduisent au plus près les habitats d'origine des animaux.

❹ Vue depuis Primrose Hill

Traversez le Regent's Canal pour grimper au sommet de Primrose Hill et profiter d'une vue fabuleuse sur les toits de Londres. Le parc est très prisé des pique-niqueurs et des familles le week-end.

❺ Regent's Canal

Redescendez Primrose Hill et suivez vers le nord le pittoresque chemin de halage du Regent's Canal (p. 177) pour rejoindre Camden. Bordé de péniches d'habitation et de vieux entrepôts reconvertis en appartements modernes, le sentier vous mènera à Camden Lock et son marché.

❻ Camden Market

Flânez parmi les stands de sacs, vêtements, bijoux et artisanat du célèbre marché de Camden (p. 174). Ses deux principaux espaces, vendent plus ou moins les mêmes choses. Ne ratez pas l'original, Camden Lock Market (p. 179), mais explorez aussi Stables Market (p. 179).

❼ Boisson revigorante

Entrez au Lock Tavern (p. 177) pour un rafraîchissement bien mérité et, s'il fait beau, installez-vous sur le toit-terrasse et observez le monde. Renseignez-vous sur la programmation du soir car le pub accueille régulièrement des groupes et des DJ.

Une petite pause ?

Le **West Yard** (p. 176) du Camden Lock Market déborde de stands de cuisine à emporter proposant un vaste choix de plats du monde : crêpes, plats chinois, grillades argentines et sushis... il y a de tout. Les becs sucrés iront directement au **Chin Chin Labs** (p. 176) pour découvrir ses surprenantes glaces à l'azote liquide.

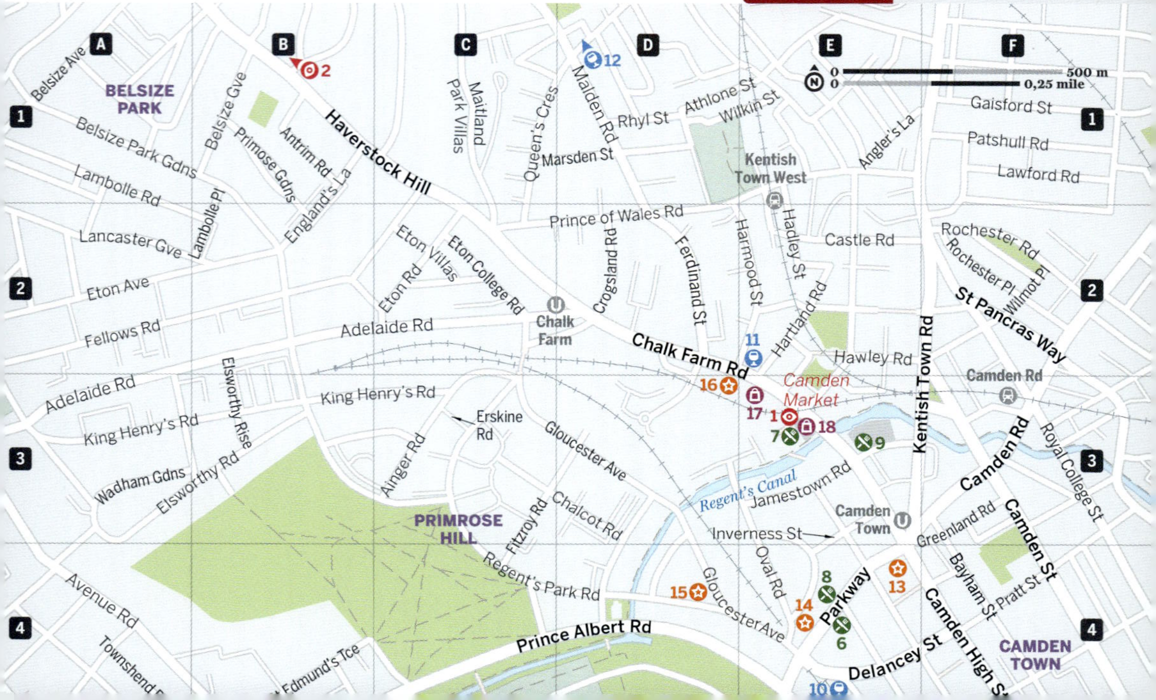
A
B
C
D
E
F
1
2
3
4
0
500 m
0,25 mile
BELSIZE PARK
PRIMROSE HILL
CAMDEN TOWN
Belsize Ave
Belsize Park Gdns
Belsize Gve
Primose Gdns
Antrim Rd
England's La
Lambolle Rd
Lambolle Pl
Lancaster Gve
Haverstock Hill
Maitland Park Villas
Queen's Cres
Malden Rd
Marsden St
Rhyl St
Athlone St
Wilkin St
Kentish Town West
Angler's La
Gaisford St
Patshull Rd
Lawford Rd
Prince of Wales Rd
Crogsland Rd
Ferdinand St
Harmood St
Hadley St
Castle Rd
Rochester Rd
Rochester Pl
Wilmot Pl
St Pancras Way
Eton Villas
Eton College Rd
Eton Rd
Eton Ave
Fellows Rd
Adelaide Rd
Chalk Farm
Chalk Farm Rd
Hartland Rd
Hawley Rd
Kentish Town Rd
Camden Rd
Camden Market
Elsworthy Rise
King Henry's Rd
Erskine Rd
Gloucester Ave
Ainger Rd
Wadham Gdns
Elsworthy Rd
Regent's Canal
Jamestown Rd
Camden Town
Inverness St
Oval Rd
Chalcot Rd
Fitzroy Rd
Regent's Park Rd
Greenland Rd
Camden St
Royal College St
Bayham St
Pratt St
Parkway
Camden High St
Delancey St
Prince Albert Rd
Avenue Rd
Townshend
Edmund's Tce
1
2
6
7
8
9
10
11
12
13
14
15
16
17
18

Nos adresses
Voir p. 174
Se restaurer p. 176
Prendre un verre p. 177
Sortir p. 178
Shopping p. 179
Regent's Park
4
Queen Mary's Gardens
Madame Tussauds
5
ZSL London Zoo
Lac de canotage
REGENT'S PARK
FITZROVIA
MARYLEBONE
Marylebone Rd
Euston Rd
Hampstead Rd
Albany St
Baker St
Gloucester Pl
Park Rd
Prince Albert Rd
Wellington Rd
St John's Wood Rd
Inner Circle
Outer Circle
York Bridge
Chester Rd
Chester Gate
Hanover Gate
Park Square Gardens
Park Sq East
Park Sq West
York Tce
Allsop Pl
Great Portland St
Regent's Park
Warren St
Fitzroy Sq
Conway St
Cleveland St
Osnaburg St
Drummond St
William Rd
Robert St
Varndell St
Augustus St
Redhill St
Granby Tce
Park Village East
Mornington Tce
Mornington Cres
Cumberland Tce
Crowndale
Regent's Canal
St John's Wood Church Gardens
Lodge Rd
Mackennal St
Allitsen Rd
Marylebone
A
B
C
D
E
F
5
6
7
8

Voir

Camden Market

MARCHÉ

1 PLAN P. 172, E3

Bien qu'il ne soit plus à la pointe de la mode depuis longtemps, Camden Market reste l'un des sites les plus populaires de Londres, qui attire chaque année des millions de visiteurs. L'ancien ensemble de stands d'artisanat à côté de Camden Lock, sur le Regent's Canal, s'étend désormais entre les stations de métro Camden Town et Chalk Farm. On y vend un peu de tout : vêtements, sacs, bijoux, bougies, encens, objets décoratifs... (www.camdenmarket.com ; Camden High St, NW1 ; 10h-tard ; U Camden Town ou Chalk Farm)

Hampstead Heath

PARC

2 PLAN P. 172, B1

Hampstead Heath, immense étendue de forêts et de prairies, semble à mille lieues de la ville pourtant toute proche. Ses 320 ha hébergent quelque 180 espèces d'oiseaux, mais aussi 25 espèces de papillons, des couleuvres, des chauves-souris et une grande diversité végétale. L'endroit se prête merveilleusement à la promenade (p. 180), en particulier jusqu'au sommet de Parliament Hill, qui dévoile un ample panorama sur Londres. La signalisation est limitée, mais se perdre fait partie de l'aventure. (www.cityoflondon.gov.uk/things-to-do/green-spaces/hampstead-heath ; U Hampstead Heath ou Gospel Oak)

Regent's Canal (p. 177)

ZSL London Zoo

ZOO

3 PLAN P. 172, C5

Ouvert en 1828, le doyen des zoos du monde met désormais l'accent sur la préservation et la pédagogie, avec moins d'animaux et de plus grands espaces. Ne manquez pas la "Terre des lions", le "Royaume des gorilles", l'enclos des lémuriens que l'on peut traverser, "Vie nocturne" et la "Plage des manchots". Des séances de nourrissage et des conférences ont lieu régulièrement. Des activités telles que "Gardien d'un jour" sont aussi organisées, et l'on peut même passer la nuit dans l'un des neuf bungalows du Gir Lion Lodge. (☎0344-225 1826 ; www.zsl.org/zsl-london-zoo ; Outer Circle, Regent's Park, NW1 ; adulte 25-32,50 £, enfant 16-20,50 £ ; 10h-18h avr-août, 10h-17h mi-fév à mars et sept-oct, 10h-16h nov à mi-fév ; ; 88 ou 274)

Regent's Park

PARC

4 PLAN P. 172, D7

Le plus vaste et le plus soigné des parcs royaux du centre de Londres est aussi l'un des plus charmants. Parmi ses multiples attractions figurent le London Zoo, **Regent's Canal** et des terrains de sport où les habitants viennent pratiquer le football, le rugby et le volley. Les **Queen Mary's Gardens**, dans la partie sud du parc, sont très agréables. L'été, des spectacles se déroulent dans un **théâtre à ciel ouvert** (☎0333 400 3562 ; www.openairtheatre.org). (www.royalparks.org.uk/parks/the-regents-park ; 5h-crépuscule ; U Regent's Park ou Baker St)

Quartiers de North London

North London réunit des petits quartiers qui sont d'anciens villages intégrés à Londres à mesure que la métropole s'agrandissait. Ce secteur très arboré abrite certains des plus beaux espaces verts de Londres. Les sites sont assez éparpillés dans la partie nord, et il faut marcher pour explorer le quartier valonné qu'est Hampstead. En revanche, King's Cross a l'avantage d'être resserré. Une balade le long du Regent's Canal (p. 177) permet de relier Regent's Park, Camden et King's Cross.

Madame Tussauds

MUSÉE

5 PLAN P. 172, C8

Quoique kitsch et onéreux, ce musée de cire offre toujours un bon moment. Vous pourrez vous faire photographier avec les célébrités du show-business (Daniel Craig, Lady Gaga, Benedict Cumberbatch ou Audrey Hepburn), celles de Bollywood (Hrithik Roshan et Salman Khan) ou encore les membres de la famille royale (la reine, Harry, William et Kate). Réservez en ligne pour obtenir des tarifs avantageux et consultez les horaires sur le site Internet. (☎0870 400 3000 ; www.madame-tussauds.com/london ; Marylebone Rd, NW1 ; adulte/enfant 35/30 £ ; 10h-16h ; U Baker St)

Se restaurer

Hook Camden Town FISH & CHIPS £

6 PLAN P. 172, E4

Le Hook ne travaille qu'avec de petites pêcheries durables et des fournisseurs locaux. Le poisson extra-frais, extrêmement goûteux, est préparé avec du *panko* (chapelure japonaise) ou sous forme de *tempura* (beignets) et accompagnés de frites d'algues salées. Des sauces maison sortant de l'ordinaire (ail et truffe, au piment *chipotle*, cajun au citron...) relèvent le tout. Choix de bières artisanales, vins et cocktails, sans oublier un menu enfant. (020-7482 0475 ; 63-65 Parkway, NW1 ; plats 11-17 £ ; 12h-15h et 17h30-21h lun, jusqu'à 22h mar-jeu, jusqu'à 22h30 ven-sam, jusqu'à 21h dim ; ; U Camden Town)

Manger sur le pouce au marché de Camden

Des dizaines de stands de cuisine au West Yard du Camden Lock Market (p. 179) proposent toutes sortes de cuisines : française, argentine, japonaise et caribéenne. Les plats sont assez bons (même si la qualité varie) et les prix corrects. On les déguste sur de grandes tables communes ou bien au bord du canal.

Chin Chin Labs GLACES £

7 PLAN P. 172, E3

Le nec plus ultra de la chimie culinaire. Ici, une fois préparée, la base est gelée en ajoutant de l'azote liquide. Les parfums changent régulièrement (fève de tonka, chocolat Valrhona, caramel au beurre noir, feuille de pandanus, etc.) et suivent le rythme des saisons. S'y ajoutent une douzaine de nappages et de garnitures tout aussi inventifs. Goûtez la glace en sandwich entre deux brownies ou cookies (5,65 £). (07885 604284 ; www.chinchinlabs.com ; 49-50 Camden Lock Pl, NW1 ; glaces à partir de 5 £ ; 12h-19h tlj ; U Camden Town)

Namaaste Kitchen INDIEN ££

8 PLAN P. 172, E4

Élu "chef de l'année" en 2014 et 2015, Sabbir Karim et son équipe proposent une carte d'excellente facture. Mais puisqu'il faut choisir, essayez l'assiette de grillades (la viande et le poisson sont incroyablement tendres et goûteux). L'assortiment de pains est un autre point fort, avec des spécialités comme le *missi roti* (galette de blé complet, farine de pois chiches et épices). (020-7485 5977 ; www.namaastekitchen.co.uk ; 64 Parkway, NW1 ; plats 10-23 £ ; 12h-23h30 lun-sam, 12h-23h dim ; ; U Camden Town)

Poppie's FISH & CHIPS ££

9 PLAN P. 172, E3

La plus grande des trois enseignes de cet établissement

Promenade le long de Regent's Canal

Si les canaux étaient jadis un lien vital pour l'approvisionnement de la capitale, les Londoniens viennent aujourd'hui s'y promener, fuyant les voitures et la foule. Vous pouvez ainsi aller de Little Venice à Camden en moins d'une heure en passant par Regent's Park, le London Zoo, Primrose Hill, de belles demeures georgiennes signées John Nash, comme d'anciens bâtiments industriels rénovés en immeubles d'habitation. Comptez 15 à 20 minutes entre Camden et Regent's Park, puis 25 à 30 minutes entre Regent's Park et Little Venice. Le sentier est pourvu de nombreuses sorties et de panneaux indicateurs.

en vue sert une douzaine de variétés de poisson et des frites honnêtes dans un espace de 110 couverts sur deux niveaux, juste en face de Camden Market. Objets et mobilier des années 1940 récupérés composent un décor attrayant. (020-7267 0440 ; www.poppiesfishandchips.co.uk ; 30 Hawley Cres, NW1 ; plats 7-22 £ ; 11h-23h dim-jeu, 11h-minuit sam-dim ; U Camden Town)

Prendre un verre

Edinboro Castle — PUB

10 PLAN P. 172, E4

Grand et décontracté, l'Edinboro allie une bonne ambiance, un joli bar et une carte complète. Toutefois, son point fort est son immense *beer garden*, avec des barbecues et de jolies guirlandes de lumières en été, plus un chauffage bienvenu en hiver. (020-7255 9651 ; www.edinborocastlepub.co.uk ; 57 Mornington Tce, NW1 ; 12h-23h lun-sam, 12h-22h30 dim ; ; U Camden Town)

Lock Tavern — PUB

11 PLAN P. 172, E2

Un intérieur chaleureux, un *beer garden* à l'arrière et un toit-terrasse avec vue plongeante sur l'animation du marché font de ce pub entièrement paré de noir une institution de Camden. La bière qui coule à flots et l'ambiance assurée le week-end par des groupes et DJ célèbres (entrée libre) contribuent aussi à sa réputation. L'idéal pour danser comme on vous y invite. (020-7482 7163 ; www.lock-tavern.com ; 35 Chalk Farm Rd, NW1 ; 12h-minuit dim-jeu, 12h-1h ven-sam ; U Chalk Farm)

Garden Gate — PUB

12 PLAN P. 172, D1

Un cottage du XIXe siècle au sud de Hampstead Heath dissimule cette perle de pub assortie d'un chouette *beer garden*. Des tables en bois sombre, des fauteuils tapissés et des canapés fatigués créent un cadre agréablement cosy pour siroter un *Pimm's and lemonade* en été ou du vin chaud en hiver. Bonne cuisine (plats 11-20 £) en prime. (☎020-7435 4938 ; www.thegardengatehampstead.co.uk ; 14 South End Rd, NW3 ; 🕒12h-23h lun-jeu, 12h-minuit ven, 10h-minuit sam, 12h-22h30 dim ; 📶🐾 ; U Hampstead Heath)

Sortir

Jazz Cafe

MUSIQUE LIVE

13 ★ PLAN P. 172, E4

Si son nom laisse penser qu'il s'agit d'une boîte de jazz, cet espace intimiste programme aussi du funk, du hip-hop, du R&B, de la soul et du groove. De grands noms s'y produisent tous les soirs à 19h. Les soirées club du vendredi (world music) et du samedi (soul, disco et house) débutent à 22h30. (☎020-7485 6834 ; www.thejazzcafelondon.com ; 5 Parkway, NW1 ; 🕒19h-23h dim-jeu, 19h-3h ven-sam ; U Camden Town)

Green Note

MUSIQUE LIVE

14 ★ PLAN P. 172, E4

Camden a beau avoir été le berceau du punk, on peut venir écouter du folk et de la world music chaque jour de la semaine au Green Note, une petite salle intimiste en brique nue avec des micros dans un coin tendu de rideaux rouges. Les billets coûtent souvent moins de 10 £ (12 £ sur place). (☎020-7485 9899 ; www.greennote.co.uk ; 106 Parkway, NW1 ; 🕒19h-23h dim-jeu, 19h-minuit ven-sam ; U Camden Town)

Stables Market

Cecil Sharp House

MUSIQUE TRADITIONNELLE

15 PLAN P. 172, D4

Si vous avez toujours eu envie de claquer des talons ou d'agiter un mouchoir, voici l'endroit qu'il vous faut. Résidence de l'English Folk Dance and Song Society, cet institut entretient toutes sortes de traditions folkloriques. Les spectacles comme les cours se déroulent dans le cadre du Kennedy Hall égayé d'une fresque murale. (☎020-7485 2206 ; www.cecilsharphouse.org ; 2 Regent's Park Rd, NW1 ; 9h-23h ; U Camden Town)

FEST Camden

MUSIQUE LIVE

16 PLAN P. 172, D3

Des projections de films aux soirées clubbing en passant par les spectacles de cabaret et les numéros comiques, l'ancien hôpital pour chevaux du Camden Stables Market accueille une large variété d'événements. (☎020-7428 4922 ; www.festcamden.com ; Chalk Farm Rd, NW1 ; 12h-23h dim-mer, 12h-2h30 jeu-sam ; U Chalk Farm)

Rock à North London

North London fait figure de berceau du rock indé, nombre de groupes ayant débuté dans les bars du quartier. Camden High St est d'ailleurs devenue le Walk of Fame des rockeurs, avec l'inauguration d'une plaque en granite dédiée aux Who, la première d'une série de 400 prévue. Toute la semaine, divers établissements programment des concerts en première partie de soirée (autour de 19h ou 20h), suivis de soirées club vers minuit.

Shopping

Stables Market

MARCHÉ

17 PLAN P. 172, E3

Relié au Camden Lock Market, le Stables Market regorge d'antiquités, d'objets asiatiques, de tapis, de meubles et de vêtements vintage. Il occupe d'anciennes écuries où logeaient jusqu'à 800 chevaux employés pour le halage des péniches le long de Regent's Canal. Une statue en bronze de la chanteuse Amy Winehouse (1983-2011) signale qu'elle vécut dans le quartier. (www.camdenmarket.com ; Chalk Farm Rd, NW1 ; 10h-tard tlj ; U Chalk Farm)

Camden Lock Market

MARCHÉ

18 PLAN P. 172, E3

Cette partie de Camden Market réunit tout près de l'écluse (*lock*) divers stands de restauration dans son West Yard (p. 176), des bars donnant sur le canal, et des échoppes d'artisanat et d'habillement. (www.camdenmarket.com ; Camden Lock Pl, NW1 ; 10h-tard ; U Camden Town)

Promenade à pied

Balade verte dans Hampstead Heath

Les habitants de North London adorent ce vaste espace vert familial, propice aux balades et aux pique-niques dès les beaux jours. Il faut dire que Hampstead Heath semble bien loin de la ville. Ses 320 ha, abritant quelque 180 espèces d'oiseaux, mais aussi une grande diversité végétale, offrent une vaste perspective depuis Parliament Hill.

Comment y aller

Départ Ⓤ Hampstead est sur la Northern Line, tout comme Archway pour le Highgate Cemetery.

Arrivée Hampstead Heath et Gospel Oak (Overground) sont à l'extrémité sud du parc.

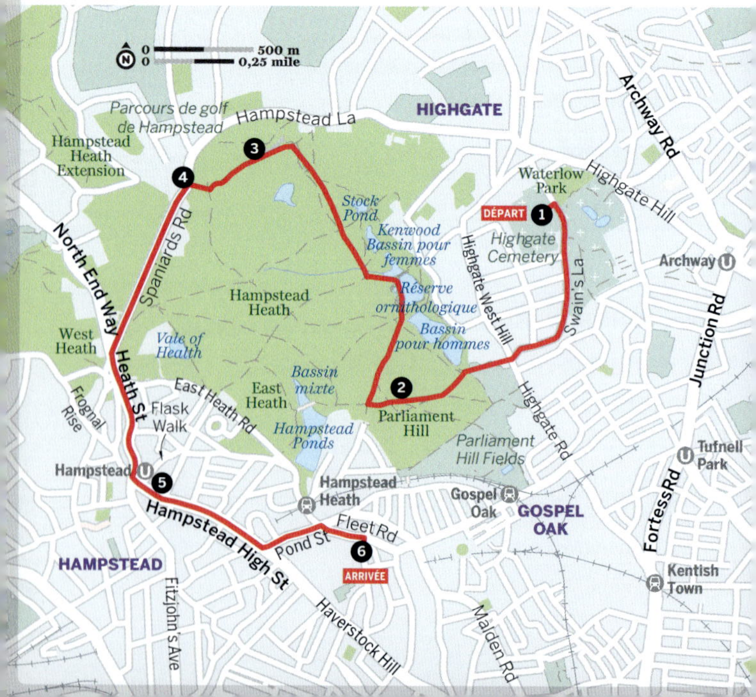

❶ Highgate Cemetery

Ultime demeure de Karl Marx, de George Eliot et de l'ancien agent des services secrets russe Alexandre Litvinenko, le **Highgate Cemetery** (www.highgatecemetery.org ; Swain's Lane, N6 ; adulte/enfant 4 £/gratuit ; 🕙10h-17h mars-oct, 10h-16h nov-fév) est divisé entre est et ouest. Pour accéder à l'évocateur West Cemetery, la visite guidée est impérative.

❷ Parliament Hill

Descendez Swain's Lane jusqu'au rond-point menant à Highgate West Hill, puis gravissez Parliament Hill, où vous attend une vue splendide sur le sud de la ville. L'endroit est prisé pour pique-niquer. Par beau temps, vous pourrez même vous baigner dans les **Hampstead Heath Ponds** (adulte/enfant 4/1 £ ; 🕙à partir de 7h, heure de fermeture selon la saison), trois bassins (hommes, femmes ou mixte) surveillés.

❸ Entre XVIIIe et XXe siècle

Traversez le parc jusqu'à la magnifique **Kenwood House** (www.english-heritage.org.uk/visit/places/kenwood ; Hampstead Lane, NW3 ; entrée libre ; 🕙10h-16h), demeure néoclassique du XVIIIe siècle dans un superbe jardin paysager qui conduit à une mare. La demeure abrite une collection d'art, avec des œuvres de Rembrandt, Constable, Turner, Gainsborough et Vermeer. **Sculptures** de Henry Moore et de Barbara Hepworth dans les jardins.

❹ Pause désaltérante

À la lisière du parc se dresse une merveilleuse taverne de 1585, fréquentée par les poètes romantiques Keats et Byron, ainsi que par le peintre Reynolds. Ancien octroi, la **Spaniard's Inn** (www.thespaniardshampstead.co.uk ; Spaniards Rd, NW3 ; 🕙10h-23h lun-sam, 10h-22h30 dim) a conservé son charme historique : lambris, intérieur désordonné, accueil chaleureux.

❺ Bohème et huppé

Prenez le bus n°210 jusqu'à l'arrêt Jack Straw's Castle et descendez jusqu'au quartier historique de Hampstead. Apprécié des artistes de l'entre-deux guerres, il a conservé une ambiance bohème, avec de somptueuses demeures, des rues arborées, des cafés et de jolies boutiques. Pour de très beaux vêtements de créateurs vendus d'occasion, allez chez **Exclusivo** (2 Flask Walk, NW3 ; 🕙12h30-18h).

❻ Dîner au Stag

Terminez par une promenade jusqu'au **Stag** (www.thestagnw3.com ; 67 Fleet Rd, NW3 ; plats 9-17,50 £ ; 🕙12h-23h lun-jeu, 12h-minuit ven-sam, 12h-22h30 dim). Ce *gastropub* vous gratifiera d'une délicieuse cuisine britannique accompagnée d'une bonne carte de vins. La tourte au bœuf et à la bière (*beef and ale pie*) est exceptionnelle, tout comme les desserts.

OPEN
Bashir
& Sons
£15

Explore

Shoreditch et l'East End

Ces secteurs multiculturels où se côtoient street art et boutiques vintage conservent quelques sites historiques du côté de Clerkenwell et de Spitalfields, mais valent surtout pour leur vie culturelle et nocturne. Shoreditch et Hoxton, avec leurs bars, pubs et petits clubs, ont depuis longtemps remplacé Soho et Camden comme lieu de fête.

Notre sélection

- ***Vie nocturne de Shoreditch (p. 189)***. *On soigne sa tenue pour une tournée des bars à cocktails chics.*
- ***Marchés du dimanche (p. 184)***. *Toute l'ambiance multiculturelle de l'East End le long de Columbia Rd et de Brick Lane.*
- ***Old Spitalfields Market (p. 191)***. *L'endroit où dénicher des trésors et manger un morceau.*
- ***Dennis Severs' House (p. 187)***. *Une immersion dans le quotidien d'une famille huguenote du XVIIIe siècle.*
- ***Breddos Tacos (p. 188)***. *Un festin de tacos et autres spécialités mexicaines.*

Comment y aller et circuler

U La station Liverpool St est la plus proche de Spitalfields et Old St est idéal pour la partie ouest de Hoxton et Shoreditch.

Shoreditch High St et Hoxton sont les stations les plus proches de Spitalfields et des parties est de Shoreditch et Hoxton.

Les lignes de bus utiles sont les nos 8, 55 et 242.

Plan du quartier p. 186

Brick Lane Market (p. 185) TK KURIKAWA/SHUTTERSTOCK ©

Promenade à pied

Un dimanche dans l'East End

L'East End, quartier typiquement cockney, a été marqué par les différentes vagues de migrants qui s'y sont installés (Français, protestants, juifs, Bangladais). Il a connu ces dernières années un formidable coup de jeune avec le phénomène hipster. Il est particulièrement agréable et animé le week-end, lorsque les marchés sont en pleine effervescence.

La promenade

Départ Columbia Road Flower Market ; U Hoxton

Arrivée Yuu Kitchen ; U Aldgate East

Distance 1,2 km

Durée 3 à 4 heures

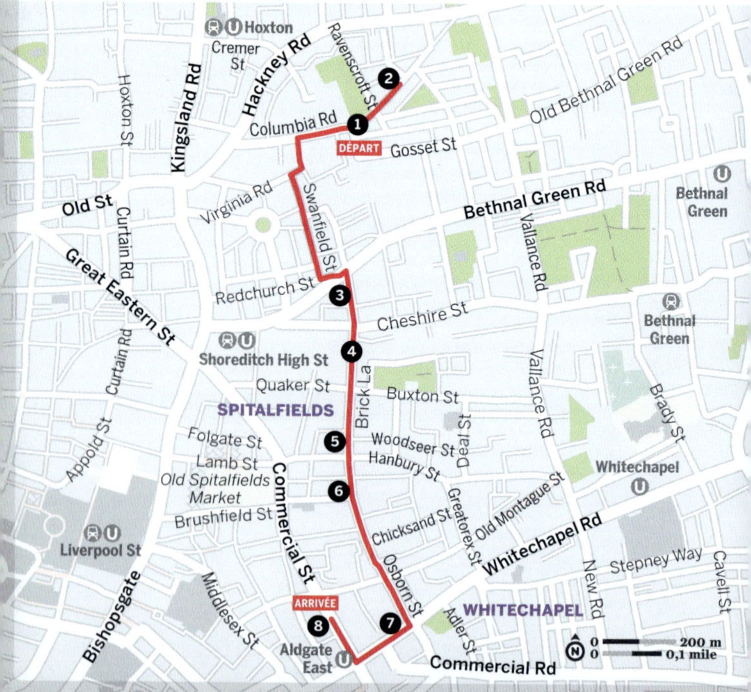

❶ Columbia Rd Flower Market

Ce **marché aux fleurs** (www.columbiaroad.info ; Columbia Rd, E2 ; 8h-15h dim) hebdomadaire offre une incroyable variété de fleurs et de plantes. L'accent cockney, typique du Londres populaire, y résonne. Venez de bonne heure car il est vite bondé.

❷ Pause au pub

Fuyez la foule en allant au **Royal Oak** (020-7729 2220 ; www.royaloaklondon.com ; 73 Columbia Rd, E2 ; 18h30-22h lun-ven, 12h-22h sam, 12h-16h et 17h-21h dim ;), un pub ancien de l'East End reconnaissable à sa façade en bois et doté d'un petit jardin à l'arrière.

❸ Bagel à emporter

Brick Lane constituait autrefois le centre du quartier juif de l'East End. La communauté juive s'est aujourd'hui dispersée, mais **Beigel Bake** (p. 189) remporte toujours un franc succès avec ses bagels maison.

❹ Marché de Brick Lane

Brick Lane est connu pour son immense **marché** (www.visitbricklane.org ; Brick Lane, E1 ; 10h-17h dim), où se mêlent vintage, brocante, habits bon marché et étals d'alimentation.

❺ Old Truman Brewery

Truman's fut dans les années 1850 la plus grande brasserie au monde. Aujourd'hui s'y tiennent des marchés de créateurs, comme le **Sunday UpMarket** (www.sundayupmarket.co.uk ; Old Truman Brewery, 91 Brick Lane, E1 ; 11h-17h30 sam, 10h-18h dim).

❻ Grande Mosquée

Aucun autre édifice ne peut mieux symboliser les différentes vagues d'immigration qui se sont succédé dans cette partie de Londres.Édifié en 1743 pour les protestants chassés de France, il devint une chapelle méthodiste en 1819, puis une grande synagogue pour des réfugiés juifs en 1898, et enfin une mosquée en 1976.

❼ Whitechapel Gallery

Cette **galerie** avant-gardiste (www.whitechapelgallery.org ; 77-82 Whitechapel High St, E1 ; entrée libre ; 11h-18h mar, mer et ven-dim, jusqu'à 21h jeu) accueille des expositions d'art contemporain. Elle s'est fait un nom en présentant notamment les premières expositions au Royaume-Uni de Pablo Picasso ou Frida Kahlo.

❽ Yuu Kitchen

Terminez la journée par un festin asiatique dans ce **restaurant** (020-7377 0411 ; www.yuukitchen.com ; 29 Commercial St, E1 ; plats 5-10 £ ; 17h30-21h30 lun-mer, 12h-14h30 et 17h30-tard jeu-sam, 12h-16h30 et 17h30-21h dim ;) décontracté. Ne manquez pas les formidables *bao* (pains vapeur taïwanais).

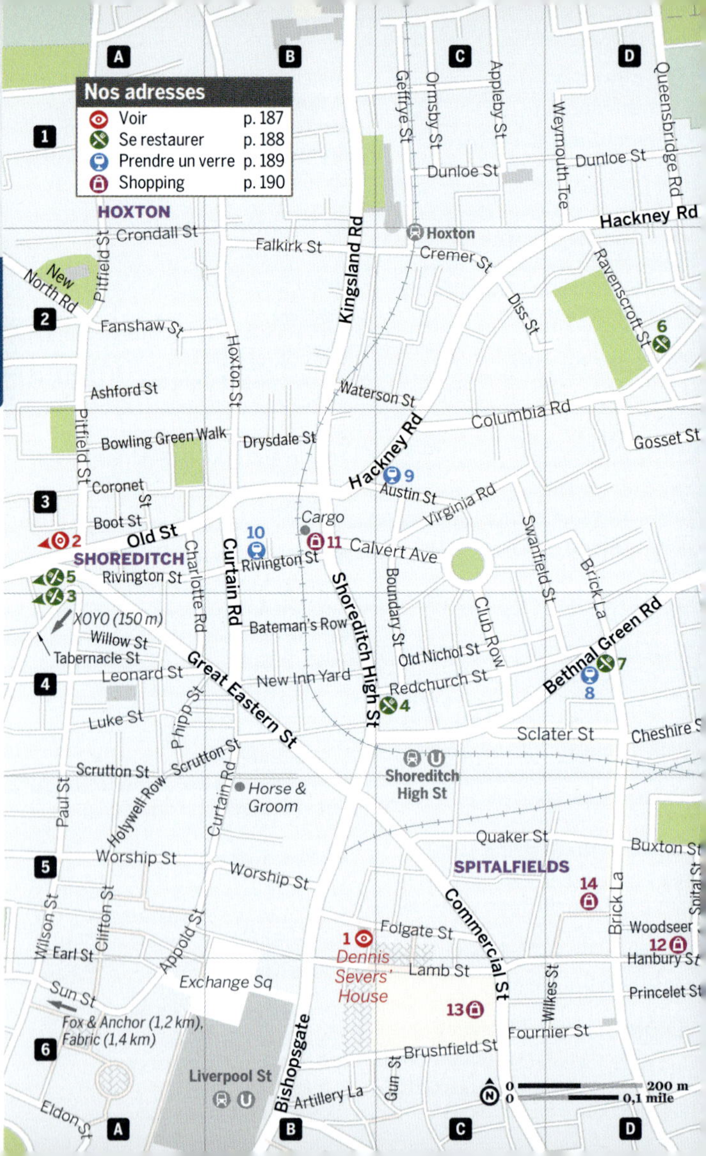
Nos adresses
Voir p. 187
Se restaurer p. 188
Prendre un verre p. 189
Shopping p. 190
A
B
C
D
1
2
3
4
5
6
HOXTON
SHOREDITCH
SPITALFIELDS
Crondall St
Pitfield St
New North Rd
Fanshaw St
Ashford St
Bowling Green Walk
Coronet St
Boot St
Old St
Rivington St
Charlotte Rd
Curtain Rd
XOYO (150 m)
Willow St
Tabernacle St
Leonard St
Luke St
Phipp St
Great Eastern St
Scrutton St
Holywell Row
Paul St
Worship St
Wilson St
Clifton St
Earl St
Appold St
Sun St
Fox & Anchor (1,2 km), Fabric (1,4 km)
Eldon St
Exchange Sq
Liverpool St
Bishopsgate
Artillery La
Gun St
Falkirk St
Hoxton St
Drysdale St
Kingsland Rd
Geffrye St
Ormsby St
Appleby St
Dunloe St
Hoxton
Cremer St
Waterson St
Hackney Rd
Austin St
Cargo
Rivington St
Calvert Ave
Bateman's Row
New Inn Yard
Shoreditch High St
Boundary St
Old Nichol St
Redchurch St
Club Row
Virginia Rd
Swanfield St
Horse & Groom
Shoreditch High St
Quaker St
Worship St
Folgate St
Dennis Severs' House
Lamb St
Commercial St
Brushfield St
Fournier St
Wilkes St
Weymouth Tce
Queensbridge Rd
Diss St
Ravenscroft St
Columbia Rd
Gosset St
Brick La
Bethnal Green Rd
Sclater St
Cheshire S
Buxton St
Spital St
Woodseer
Hanbury St
Princelet St
1
2
3
4
5
6
7
8
9
10
11
12
13
14
0 200 m
0 0,1 mile

Voir

Dennis Severs' House

ÉDIFICE HISTORIQUE

1 PLAN P. 186, B5

Cette superbe maison georgienne est aménagée comme si elle était encore habitée par une famille de tisserands de soie huguenots. Chacune des dix pièces restitue en mille et un détails la vie quotidienne du XVIIIe siècle : tasses de thé à moitié pleines, coquilles d'huître encore humides, pot de chambre utilisé... Il s'agit davantage d'une expérience immersive que d'un musée au sens classique du terme. La visite du lieu dure 45 minutes et s'effectue en silence. Les séances nocturnes, à la seule lumière des bougies et lampes à kérosène, sont particulièrement évocatrices ; réservez en ligne. Photos interdites. Pas de toilettes sur place. (020-7247 4013 ; www.dennisseversouse.co.uk ; 18 Folgate St, E1 ; jour/nuit 10/15 £ ; 12h-14h et 17h-21h lun, 17h-21h mer et ven, 12h-16h dim ; U Liverpool St)

St John's Gate

ÉDIFICE HISTORIQUE

2 PLAN P. 186, A3

Cette remarquable porte Tudor date de 1504. Au XIIe siècle, les moines-soldats appelés Chevaliers hospitaliers installèrent un prieuré à cet emplacement et soignèrent les malades. À l'intérieur, un petit musée couvre l'histoire de l'ordre (et comprend de rares exemples d'armures de chevaliers), ainsi

St John's Gate

Spitalfields à l'époque georgienne

Peuplé autour de son célèbre marché et de sa grande église paroissiale, Spitalfields est l'un des quartiers les plus multiculturels de la capitale. Des vagues d'immigrés huguenots (protestants français), juifs, irlandais et, plus récemment, indiens et bangladais y ont élu domicile. Pour vous faire une idée de ce qu'était Spitalfields à l'époque georgienne, flânez dans Princelet St, Fournier St, Elder St et Wilkes Street où vinrent s'établir les huguenots persécutés en France à la fin du XVIIe siècle, apportant avec eux une grande maîtrise du tissage de la soie.

que sa renaissance au XIXe siècle en Grande-Bretagne sous la forme de l'ordre de Saint-Jean et de la fondation de la St John Ambulance. (www.museumstjohn.org.uk ; St John's Lane, EC1M ; entrée libre ; 10h-17h, fermé dim oct-juin ; U Farringdon)

Se restaurer

Breddos Tacos

TACOS £

3 PLAN P. 186, A4

Après avoir débuté en 2011 sur un parking d'East London, Breddos a trouvé son premier emplacement permanent à Clerkenwell, où il prépare une nourriture mexicaine des meilleures. Réunissez quelques amis et commandez les huit sortes de tacos, servis par deux, dont les garnitures (poitrine de porc confite, *mole*, œuf et fromage frais...). Délicieuses *tostadas* également. (020-3535 8301 ; www.breddostacos.com ; 82 Goswell Rd, EC1 ; tacos à partir de 5 £, plats 7,50-17 £ ; 12h-15h et 17h-23h lun-ven, 12h-23h30 sam ; ; U Old St ou Farringdon)

Smoking Goat

THAÏ ££

4 PLAN P. 186, C4

Surfant sur les tendances gustatives changeantes de Londres, cette table thaïlandaise moderne concocte des plats de premier ordre. Mieux vaut aimer les saveurs relevées, mais d'excellents cocktails apaisent les papilles en feu. Mention spéciale pour le poulet fumé aux cinq épices. Murs en brique apparente, grandes fenêtres d'usine et parquet d'origine dessinent un cadre industriel chic autour d'une cuisine à l'américaine. (www.smokinggoatbar.com ; 64 Shoreditch High St, E1 ; plats 4-29 £ ; 12h-15h et 17h30-23h lun-jeu, 17h30-1h ven-sam, 17h30-23h dim ; U Shoreditch High St)

St John

BRITANNIQUE ££

5 PLAN P. 186, A3

Ce porte-étendard de la cuisine où rien ne se perd vous attend à l'angle de la dernière halle aux viandes de Londres. Ne vous fiez pas à son cadre sobre et modeste – murs de brique blanchis à la chaux, hauts plafonds et meubles en bois simples –, car c'est un restaurant étoilé au Michelin. Si la carte change quotidiennement, la moelle de bœuf rôtie et sa salade de persil, signature de la maison, y figure habituellement. (☎020-7251 0848 ; www.stjohnrestaurant.com ; 26 St John St, EC1 ; plats 17-26,50 £ ; 🕒12h-15h et 18h-23h lun-ven, 18h-23h sam, 12h30-16h dim ; U Farringdon)

Brawn

EUROPÉEN ££

6 PLAN P. 186, D2

Il règne un air de France dans ce bistro d'angle décontracté, mais la carte affiche aussi des mets italiens et espagnols. Plats délicieux et de saison. Intéressant choix de vins européens. Réservation recommandée. (☎020-7729 5692 ; www.brawn.co ; 49 Columbia Rd, E2 ; plats 14-22 £ ; 🕒18h-22h30 lun, 12h-22h30 mar-jeu, 12h-23h ven-sam ; U Hoxton)

Beigel Bake

BOULANGERIE £

7 PLAN P. 186, D4

Très bon marché, les bagels maison (au saumon fumé et fromage frais, bœuf salé et pickles…) de ce vestige de l'East End juif se vendent comme… des petits pains. Il y a toujours la queue, de jour comme de nuit, mais le personnel un peu brusque ne fait pas traîner les choses. (☎071 729 0616 ; 159 Brick Lane, E1 ; bagels garnis 1-5 £ ; 🕒24h/24 ; U Shoreditch High St)

Prendre un verre

Cocktail Trading Co

BAR À COCKTAILS

8 PLAN P. 186, D4

Dans un quartier réputé pour sa nonchalance, ce bar à cocktails se démarque par son élégance. Les boissons sont sans égales, des saveurs à la présentation – bouteilles dans une enveloppe, glaçons aussi gros qu'un Rubik's cube, etc. Le cadre évoque un club de gentlemen, en un peu plus chaleureux et accueillant. (☎020-7427 6097 ; www.thecocktailtradingco.co.uk ; 68 Bethnal Green Rd, E1 ; 🕒17h-23h30 lun-mer, 17h-minuit jeu-ven, 14h-minuit sam, 14h-22h30 dim ; U Shoreditch High St)

Bars et pubs pour tous les goûts

Shoreditch est le porte-flambeau de la vie nocturne londonienne : des dizaines de bars, clubs et pubs, sont ouverts presque tous les soirs de la semaine (et jusqu'au petit matin le week-end) dans une joyeuse ambiance sonore. Clerkenwell est plus calme, avec de jolis pubs historiques et d'élégants bars à cocktails. Entre ces deux extrêmes, Spitalfields se définit par sa clientèle de la City en semaine et les clients du marché le week-end.

Mikkeller Bar London

BIÈRE ARTISANALE

9 PLAN P. 186, C3

Le fondateur de la mythique brasserie danoise Mikkeller et le chanteur Rick Astley ont uni leurs forces pour ouvrir le premier pub de la marque au Royaume-Uni. La déco est, sans surprise, de style scandinave et les paroles des chansons d'Astley gravées sur des plaques dorées décorent les tables et le comptoir. (www.mikkeller.com ; 2-4 Hackney Rd, E2 ; 12h-22h30 lun-jeu, 12h-23h30 ven-sam, jusqu'à 22h dim ; U Shoreditch High St ou Old St)

Callooh Callay

BAR À COCKTAILS

10 PLAN P. 186, B3

Quand on sait que l'endroit s'inspire de *Jabberwocky*, le poème absurde de Lewis Carroll, le décor excentrique ne surprend pas. Ses cocktails de premier ordre lui ont valu d'être classé à quatre reprises parmi les 50 meilleurs bars du monde. Goûtez le *Through the Looking Glass* (*De l'autre côté du miroir*) et voyez ce qui se passe. (020-7739 4781 ; www.calloohcallaybar.com ; 65 Rivington St, EC2 ; 18h-1h ; U Old St ou Shoreditch High St)

Prendre un verre dans la nuit

Les pubs et clubs **Fabric** (www.fabriclondon.com), **XOYO** (www.xoyo.co.uk), **Cargo** (plan p. 186, B3 ; www.cargo-london.com) et **Horse & Groom** (plan p. 186, B5 ; www.thehorseandgroom.net) sont ouverts jusqu'à 3h au moins le week-end.
Pour une pinte matinale, le **Fox & Anchor** (www.foxandanchor.com) rouvre ses portes à 7h (8h30 le week-end).

Shopping

Aida

CONCEPT STORE

11 PLAN P. 186, B3

Vêtements, chaussures et accessoires pour hommes et femmes côtoient objets de déco, livres, parfums et crèmes pour la peau dans un agréable cadre en brique nue et lambris blanc, coloré çà et là de plantes vertes.
Un expresso ou un jus de fruits dans le café sur place ajoute encore à l'attrait du shopping. (020-7739 2011 ; www.aidashoreditch.co.uk ; 133 Shoreditch High St, E1 ; 10h30-19h lun-sam, 12h-18h dim ; U Shoreditch High St)

Libreria

LIVRES

12 PLAN P. 186, D5

Des lampes de bureau dépareillées éclairent les étagères jaune canari montant jusqu'au plafond de cette librairie indépendante pleine de caractère. Les titres y sont classés par thèmes, du genre "soif de voyage", "enchantement pour les désabusés" ou "mères, madones et putains". Des miroirs judicieusement placés accentuent l'aspect labyrinthique du lieu et des fauteuils 1950 invitent à se poser

The Kitchens, Old Spitalfields Market

pour feuilleter les ouvrages. (www.libreria.io ; 65 Hanbury St, E1 ; 10h-18h mar-mer, 10h-20h jeu-sam, 11h-18h dim ; U Aldgate East)

Old Spitalfields Market MARCHÉ

13 PLAN P. 186, C6

Présent depuis 1638, ce marché demeure l'un des meilleurs de Londres. Le dimanche est le jour la plus animé, le jeudi celui des antiquaires, le vendredi celui des vinyles. Par ailleurs, les dix comptoirs de restauration **The Kitchens** changent agréablement des chaînes quelconques alentour. (www.oldspitalfieldsmarket.com ; Commercial St, E1 ; 10h-20h lun-ven, 10h-18h sam, 10h-17h dim ; U Liverpool St, Shoreditch High St ou Aldgate East)

Rough Trade East MUSIQUE

14 PLAN P. 186, D5

Il n'est plus directement associé à la légendaire maison de disques (qui a produit les Smiths, les Libertines et les Strokes, entre autres), mais cet immense disquaire reste le meilleur pour qui cherche de la musique indépendante, soul, électro et alternative. Outre un choix impressionnant de CD et de vinyles, il propose aussi du café et organise concerts promotionnels et séances de dédicaces. (020-7392 7788 ; www.roughtrade.com ; Old Truman Brewery, 91 Brick Lane, E1 ; 9h-21h lun-jeu, 9h-20h ven, 10h-20h sam, 11h-19h dim ; U Shoreditch High St)

Vaut le détour

Observatoire royal et Greenwich Park

L'Observatoire royal couvre trois domaines d'étude : la mer, les étoiles et le temps. Le fameux méridien de Greenwich (longitude zéro) traverse sa cour, divisant le globe en deux hémisphères, est et ouest. L'observatoire trône sur les hauteurs du verdoyant et royal Greenwich Park, dévoilant des vues emblématiques de la Tamise et des gratte-ciel de Canary Wharf.

020-8312 6565

www.rmg.co.uk/royal-observatory

Greenwich Park, Blackheath Ave

adulte/enfant 16/8 £

10h-17h sept-juin, 10h-18h juil-août

Flamsteed House

En 1675, après avoir fait fermer l'observatoire de la Tour de Londres, Charles II commanda à Christopher Wren la construction de Flamsteed House, le bâtiment d'origine, sur les vestiges de Greenwich Castle. Aujourd'hui, cette demeure abrite la splendide **Octagon Room** et l'appartement assez modeste où vivaient les astronomes royaux et leurs familles. Aux étages inférieurs, les **Time Galleries** permettent de comprendre comment le problème crucial du calcul de la longitude – la détermination exacte des coordonnées est-ouest d'un navire – fut résolu grâce à des outils astronomiques et à l'invention du chronomètre de marine.

Meridian Courtyard

Dans la cour du Méridien, où le globe est séparé en est et ouest, les visiteurs s'amusent à chevaucher les deux hémisphères, en mettant un pied de chaque côté du rail qui le symbolise. Chaque jour à 13 h, depuis 1833, la boule rouge du temps (appelée **Time Ball**), située en haut de l'Observatoire, tombe.

Le méridien de Greenwich fut désigné comme méridien d'origine mondial lors de la conférence internationale de Washington D.C. en 1884 – remplaçant les divers méridiens qui existaient alors. Greenwich fut ainsi érigé en longitude zéro, norme de référence des fuseaux horaires. L'adoption par les États-Unis du Greenwich Mean Time (GMT) pour ses fuseaux horaires nationaux favorisa la candidature de Greenwich ; en outre, les cartes marines généralement employées dans les échanges mondiaux fixaient déjà Greenwich comme méridien d'origine.

Chambre noire

Dans un petit bâtiment de brique près de la Meridian Courtyard, la chambre noire

★ À savoir

- L'achat en ligne du billet combiné pour le Royal Observatory et le *Cutty Sark* fait économiser près de 25% du prix (adulte/enfant 23,65/11,85 £).

Une petite pause ?

Prenez un café à l'Astronomy Centre ou emportez de quoi pique-niquer dans Greenwich Park. Au pied de la colline, les étals du Greenwich Market (p. 197) vendent des en-cas.

Comment y aller

Prenez le DLR jusqu'à Cutty Sark ou Greenwich, ou bien le train jusqu'à Greenwich.

Des bateaux desservent le secteur au départ de plusieurs embarcadères du centre.

L'un des deux tunnels piétonniers de Londres passant sous la Tamise relie Greenwich à l'Isle of Dogs.

ROYAL
OBSERVATORY
GREENWICH
SHEPHERD PATENTEE
GALVANO-MAGNETIC CLOCK
The Shepherd
24-hour Gate Clock
The Time Ball
Ordnance Survey
Bench Mark
Public Standards
of Length
BRITISH YARD
TWO FEET
ONE FOOT

Une cible de choix

Le 15 février 1894, le Royal Observatory fut la cible inattendue d'une tentative d'attentat à la bombe perpétré par Martial Bourdin, un anarchiste français de 26 ans. Ce dernier eut la main gauche arrachée dans l'explosion et mourut de ses blessures peu après, mais l'observatoire ne subit aucun dommage. Joseph Conrad s'est inspiré de ce fait divers dans son roman *L'Agent secret* (1907) et le terroriste apparaît sous le nom de Boudin dans le poème *Animula* (1929) de T. S. Eliot.

(*Camera obscura*) projette sur une table une image en direct de la Queen's House (p. 197 – avec les passants et les bateaux sur la Tamise derrière). D'épais rideaux permettent de garder l'obscurité ; refermez-les derrière vous pour que la salle soit aussi obscure que possible.

Centre astronomique

La partie sud de l'Observatoire accueille un Centre astronomique (Weller Astronomy Galleries), instructif et gratuit, où vous pourrez toucher du doigt un objet aussi ancien que le Soleil : un fragment de la **météorite de Gibeon**, vieille de 4,5 milliards d'années ! Vous découvrirez un *orrery* (ensemble mécanique représentant le système solaire, sans Uranus et Neptune qui n'avaient pas encore été découvertes) de 1780, des documentaires sur l'astronomie, et pourrez voir la Voie lactée dans de multiples longueurs d'onde.

Peter Harrison Planetarium

Unique planétarium de Londres, l'ultramoderne **Peter Harrison Planetarium** (☎ 020-8858 4422 ; www.rmg.co.uk/whats-on/planetarium-shows ; adulte/enfant 10/5 £) peut projeter la voûte céleste au plafond. Il y a plusieurs séances par jour, dont une pour les enfants. Réservation conseillée.

Greenwich Park

Greenwich Park est l'un des plus jolis **espaces verts** (www.royalparks.org.uk/parks/greenwich-park ; 🕑 6h-coucher du soleil ; U Greenwich, Maze Hill ou Cutty Sark) de Londres, avec sa **roseraie**, ses allées pittoresques, son cimetière anglo-saxon du VIe siècle et son étonnante vue sur Canary Wharf – le quartier financier de l'autre côté de la Tamise – depuis le sommet de la colline. Couvrant 74 ha, le plus ancien parc royal clos est en partie l'œuvre d'André Le Nôtre, jardinier du roi Louis XIV qui dessina les jardins de Versailles.

Promenade à pied

Balade dans le Greenwich historique

Inscrit au patrimoine mondial de l'Unesco, ce quartier de la rive sud de la Tamise concentre des sites et monuments majeurs qui suffiraient à faire de n'importe quelle ville de Grande-Bretagne une destination touristique de premier plan. L'ensemble se visite facilement sans recourir aux transports publics.

Comment y aller

DLR, arrêts Cutty Sark ou Greenwich

Les bateaux Thames Clippers desservent Greenwich et Royal Arsenal Woolwich depuis plusieurs quais du centre-ville.

❶ St Alfege Church

Dessinée par Nicholas Hawksmoor dans le style baroque en remplacement d'une église du XIIIe siècle, **St Alfege** (☎020-8853 0687 ; www.st-alfege.org ; Greenwich Church St ; ⏲11h-16h lun-sam, 12h-16h dim) fut consacrée en 1718. Elle a conservé une fresque restaurée de James Thornhill (1675-1734), qui décora aussi le Painted Hall.

❷ Marché de Greenwich

Franchissez Greenwich Church St pour gagner le **Greenwich Market** (www.greenwichmarket.london ; College Approach ; ⏲10h-17h30), un petit marché couvert pittoresque, dont les étals de cuisine du monde qui font voyager les papilles de l'Angleterre au Brésil en passant par la Jamaïque et l'Éthiopie.

❸ National Maritime Museum et Queen's House

Suivez Nelson Rd jusqu'au **National Maritime Museum** (☎020-8312 6565 ; www.rmg.co.uk/national-maritime-museum ; Romney Rd ; entrée libre ; ⏲10h-17h), qui retrace la riche et longue histoire navale de la Grande-Bretagne. Dans le même esprit, la **Queen's House** (www.rmg.co.uk/queens-house ; Romney Rd ; entrée libre ; ⏲10h-17h) voisine expose une série de peintures et de portraits sur le thème maritime.

❹ Painted Hall

Traversez Romney Rd en direction de l'**Old Royal Naval College**, le plus grand ensemble de bâtiments de Greenwich. À l'intérieur, le plafond du **Painted Hall** (☎020-8269 4799 ; www.ornc.org ; adulte/enfant 12 £/gratuit ; ⏲10h-17h) couvre 3 700 m². Ce chef-d'œuvre baroque fut réalisé de 1707 à 1726 par James Thornhill.

❺ Trafalgar Tavern

Suivez la promenade le long de la Tamise vers l'est jusqu'à l'élégante **Trafalgar Tavern** (☎020-3887 9886 ; www.trafalgartavern.co.uk ; Park Row ; ⏲12h-23h lun-jeu, 12h-1h ven, 9h-1h sam, 12h-23h dim) aux lustres en cristal et au décor nautique avec baies vitrées donnant sur le fleuve.

❻ Le *Cutty Sark*

Suivez le pittoresque sentier entre la Tamise et l'Old Royal Naval College jusqu'au **Cutty Sark** (☎020-8312 6565 ; www.rmg.co.uk/cuttysark ; King William Walk ; adulte/enfant 15/7,50 £ ; ⏲10h-17h tlj), le dernier grand clipper à avoir navigué entre la Chine et l'Angleterre au XIXe siècle.

❼ Greenwich Foot Tunnel

Descendez dans le **tunnel piétonnier** (Cutty Sark Gardens ; ⏲24h/24) qui passe sous la Tamise pour rejoindre l'Isle of Dogs et admirer Greenwich depuis la rive nord.

Vaut le détour

Hampton Court Palace

Le plus spectaculaire des palais Tudor londoniens date du XVIe siècle. Il accueille les somptueux appartements d'Henri VIII, de magnifiques jardins et un labyrinthe végétal planté il y a plus de trois siècles. Étape incontournable pour les passionnés d'histoire, la visite du palais est l'occasion d'une passionnante escapade : prévoyez suffisamment de temps (le trajet en bateau depuis le centre de Londres prend une demi-journée).

www.hrp.org.uk/hamptoncourtpalace

Hampton Court Palace, KT8

adulte/enfant 24/12 £

10h-18h avr-oct, 10h-16h30 nov-mars

Arrivée au palais

L'imposante entrée du château conduit à une première cour, **Base Court**, puis à une seconde nommée **Clock Court** pour son horloge astrologique du XVIe siècle. Les salles lambrissées et portes voûtées de la **Young Henry VIII's Story**, à l'étage, constituent une belle introduction : remarquez l'inscription Tudor sur la cheminée. À côté de Base Court, à droite en entrant, une série de 9 tableaux d'Andrea Mantegna (acquise par Charles Ier en 1629), **Les Triomphes de César**, décrit le retour triomphal à Rome du général romain.

Appartements d'Henri VIII

L'escalier partant de l'Anne Boleyn's Gateway mène aux appartements d'Henri VIII, dont le sublime **Great Hall**. La **Horn Room**, décorée d'imposantes ramures de cerfs, conduit à la **Great Watching Chamber**, où le roi recevait sous la surveillance des gardes.

Loge royale et couronne d'Henri VIII

La couronne d'Henri VIII, incrustée de pierres précieuses, a été recréée à l'identique – celle d'origine fut fondue par Oliver Cromwell. Elle est exposée dans la **Royal Pew**, la loge royale (ouverte de 10h à 17h30 du lundi au samedi et de 12h30 à 15h le dimanche) qui domine la **chapelle royale** (toujours lieu de culte 450 ans plus tard).

Cuisines Tudor et Great Wine Cellar

C'est dans les charmantes cuisines Tudor, également de l'époque d'Henri VIII, qu'étaient préparés autrefois les repas pour une maison royale de quelque 1 200 personnes. La Great Wine Cellar (grande cave à vins), où l'on entreposait les 300 tonneaux de bière – et autant de vin – consommés annuellement au milieu du XVIe siècle, vaut également le coup d'œil.

★ À savoir

- Consultez le site Internet pour les activités et les visites guidées.
- Hampton Court jouxte Bushy Park (www.royalparks.org.uk), un espace semi-sauvage de 445 ha peuplé de cerfs.

Une petite pause ?

Le domaine héberge trois cafés : le **Tiltyard Cafe**, le **Privy Kitchen** et le **Fountain Court Cafe**. Les jardins sont immenses : s'il fait beau, apportez votre pique-nique.

Comment y aller

Lignes régulières de Waterloo à Hampton Court.

Comptez 3 à 4 heures en bateau depuis Westminster Pier. Thames River Boats (www.wpsa.co.uk ; adulte/enfant 19/9,50 £ ; avr-sept).

Événements et activités

Consultez le programme pour les détails des spectacles et événements : joutes Tudor, fauconnerie, chasse aux fantômes, aventures dans le jardin et parcours familiaux. En été, d'amusantes **visites en char à bancs** (15 à 20 minutes, adulte/enfant 6/3 £) tiré par des chevaux de trait partent de l'East Front Garden entre 11h et 17h. Le **Luna Cinema** (www.thelunacinema.com) organise des projections en plein air en été. Et de novembre à mi-janvier, on peut glisser sur la patinoire du palais.

Cumberland Art Gallery

Restaurée, la Cumberland Suite, près de la Clock Court, abrite une impressionnante collection d'œuvres d'art tirées de la collection royale, dont l'*Autoportrait au chapeau plat* (1642) de Rembrandt et *Charles Ier à cheval* (env. 1635-1636) de sir Anthony Van Dyck.

Appartements de Guillaume III et Marie II

La visite des appartements de Guillaume III, achevés par Christopher Wren en 1702, vous conduira jusqu'au majestueux **King's Staircase**. Contemplez la **King's Presence Chamber**, la salle d'audience et son trône sur fond de tentures écarlates. La **King's Great Bed chamber**, au lit coiffé de plumes d'autruche, et le **King's Closet**, au "trône" en velours, valent aussi le détour. Les inimitables **Chocolate Kitchens** furent construites pour Guillaume III et Marie II vers 1689. Marie II, l'épouse de Guillaume III, avait ses propres appartements, auxquels on accède par le fabuleux **Queen's Staircase** (escalier décoré par William Kent).

Salles georgiennes

Les Georgian Rooms accueillirent George II et la reine Caroline lors de leur dernière visite royale en 1737. Admirez le **Wolsey Closet**, de style Tudor, avec son plafond et ses panneaux peints du début du XVIe siècle, réalisés à la demande d'Henri VIII.

Cartoon Gallery

La Cartoon Gallery renfermait les Cartons de Raphaël (désormais au Victoria & Albert Museum, p. 147). Aujourd'hui, elle abrite des copies du XVIIe siècle.

Jardins et labyrinthe

Le palais est entouré de sublimes jardins. Ne manquez pas le **Real Tennis Court** (court de tennis) des années 1620. Créé à l'origine pour Guillaume et Marie, le **Kitchen Garden** (potager) est une magnifique reconstitution.

Ne partez pas sans vous perdre au fil des 800 m du **labyrinthe** (adulte/enfant 4,50/3 £ ; 10h-16h15 avr-oct, jusqu'à 15h45 nov-mars), également accessible sans visiter le palais.

Great Hall

BUS
LANE

Carnet pratique

Regent St (p. 85) ALEXANDER SPATARI/GETTY IMAGES ©

Avant de partir

Hébergement

- Nous conseillons les environs de Shoreditch, Kensington et South Bank.
- Londres possède de bons hôtels, mais ils affichent souvent complet tant la demande est grande : mieux vaut réserver bien à l'avance, en particulier en été et pendant les vacances.
- À moins de 100 £ par nuit, on ne trouve que des B&B basiques et des auberges de jeunesse, certaines modernes et stylées. Consultez sur Internet les offres promotionnelles proposées les jours creux comme le dimanche.
- La catégorie des B&B (*Bed and Breakfast*) offre plus de cachet et un service personnalisé.
- Pour les séjours d'une semaine ou plus, les résidences hôtelières et les locations de courte durée sont plus économiques.

Londres

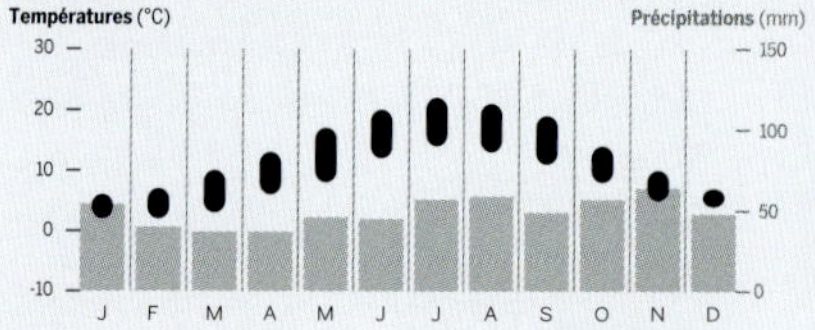

Quand partir

Hiver (déc-fév) Journées courtes et froides, pluie et parfois neige. Musées et sites touristiques moins bondés.

- **Printemps (mars-mai)** Temps frais et floraison des espaces vert.

Été (juin-août) Longues journées chaudes et ensoleillées. Vacances et saison touristique coïncident. Parcs splendides.

- **Automne (sept-nov)** Temps doux, ensoleillé et coloré. Les enfants retournent à l'école.

Sites Internet

- **Visit London** (www.visitlondon.com). Large liste d'hébergements sur le portail touristique officiel de la ville.
- **London Town** (www.londontown.com). Des offres de dernière minute dans les boutiques hôtels et les B&B.
- **London Bed & Breakfast** (www.londonbb.com). B&B dans des habitations privées partout en ville.
- **YHA** (www.yha.org.uk). Chaîne d'auberges de jeunesse.

Petits budgets

Qbic (www.qbichotels.com/london-city). Petites chambres bien conçues au prix très avantageux si vous réservez assez tôt.

Clink78 (www.clinkhostels.com/london/clink78). Auberge de jeunesse historique dans un ancien tribunal.

Generator London (www.staygenerator.com/hostels/london). Grande auberge de jeunesse haut de gamme près de Bloomsbury.

Safestay Holland Park (www.safestay.com/london-kensington-holland-park). Belle auberge de jeunesse aménagée dans l'aile restante d'une demeure de l'ère jacobéenne.

Catégorie moyenne

CitizenM Tower of London (www.citizenm.com/destinations/london/tower-of-london-hotel). Chambres petites mais parfaitement conçues, certaines avec une superbe vue.

Hoxton Hotel Southwark (www.thehoxton.com/london/southwark/hotels). Emplacement de choix, équipements au top et remarquable rapport qualité/prix.

40 Winks (www.40winks.org). B&B de charme dans l'East End.

Petersham (www.petershamhotel.co.uk). Dans le quartier vert et huppé de Richmond, parfait pour décompresser.

Catégorie supérieure

The Ned (www.thened.com). Un bijou historique au cœur de la City.

Number Sixteen (www.firmdalehotels.com/hotels/london/number-sixteen). Un hôtel gai et raffiné dans un jardin paradisiaque.

Hazlitt's (www.hazlittshotel.com). L'élégance d'antan et un superbe emplacement.

Beaumont (www.thebeaumont.com). Opulent cadre Art déco et excellent bar à cocktails.

Ritz London (www.theritzlondon.com). Situation privilégiée à côté de Green Park et chambres somptueuses meublées d'antiquités.

Un fil d'ARIANE en voyage

Vous êtes ressortissant français ? Pensez à vous enregistrer sur le **portail Ariane** (pastel.diplomatie.gouv.fr/fildariane) du ministère des Affaires étrangères. Ce service gratuit vous permet de recevoir des alertes si la situation le justifie. Crise politique, catastrophe naturelle, attentat... recevez en temps réel des consignes de sécurité lors de votre voyage.

Il existe une application pour les Smartphones et les tablettes, intitulée *Conseils aux voyageurs.*

Arriver à Londres

Aéroport de Heathrow

À environ 24 km à l'ouest du centre de Londres, Heathrow (LHR ; www.heathrowairport.com) est l'un des aéroports internationaux les plus fréquentés au monde, avec quatre terminaux (numérotés de 2 à 5). C'est le principal aéroport de Grande-Bretagne pour les vols internationaux.

Métro Trois stations de la Piccadilly Line desservent Heathrow :

l'une rallie les terminaux 2 et 3, une autre le terminal 4, et le terminus conduit au terminal 5. C'est le moyen le plus économique de se rendre à Heathrow : un ticket aller coûte 6 £, comptez 5,10/3,10 £ avec l'Oyster ou une carte sans contact en/hors période de pointe. Le trajet jusqu'au centre de Londres dure 45 minutes. Les trains circulent toutes les 3 à 9 minutes, de 5h à peu après minuit (23h28 le dimanche) en direction de l'aéroport, de 5h09 à 23h54 (23h le dimanche) dans l'autre sens, et toute la nuit les vendredi et samedi sur la Piccadilly line, à une fréquence réduite.

Train Les trains Heathrow Express (www.heathrowexpress.com) relient Heathrow à la gare de Paddington toutes les 15 minutes (aller/aller-retour 25/37 £ ; gratuits pour les enfants). Les premiers trains partent vers 5h et le dernier entre 23h et minuit.

Bus Les bus National Express (www.nationalexpress.com) relient la gare routière Heathrow Central à celle de London Victoria (aller à partir de 6 £, 40 à 90 minutes, toutes les 30 minutes à 1 heure). Le premier bus part de Heathrow Central (terminaux 2 et 3) à 4h20, le dernier juste après 22h. De Victoria, le premier bus part à 3h, le dernier vers 0h30. Le bus de nuit N9 (1,50 £, 1h15, toutes les 20 min) relie la gare routière Heathrow Central (et le terminal 5 de Heathrow) au centre de Londres et a pour terminus Aldwych.

Taxi Prévoir de 50 à 100 £ et de 45 minutes à 1 heure en *black cab* avec compteur vers/depuis le centre de Londres.

Aéroport de Gatwick

Situé à 48 km au sud de Londres, Gatwick (LGW ; www.gatwickairport.com) est le deuxième aéroport de Grande-Bretagne pour les vols internationaux. Un train relie les terminaux nord et sud 24h/24 en 3 minutes environ.

Train Les services ferroviaires de National Rail (www.nationalrail.co.uk) assurent des liaisons régulières vers/depuis London Bridge (30 min, toutes les 15 à 30 min), London King's Cross (55 min, toutes les 15 à 30 min) et London Victoria (30 min, toutes les 10 à 15 min). Le tarif dépend de l'heure et de la compagnie (de 10 à 20 £ l'aller).

Les trains Gatwick Express (aller sans réservation 19,50 £, 30 min) circulent toutes les 15 minutes entre la gare proche du terminal sud de Gatwick et London Victoria. Partant de l'aéroport, les trains circulent entre 5h45 et 0h20. Depuis Victoria, ils partent entre 5h et 23h30.

Bus Les bus National Express (www.nationalexpress.com) relient jour et nuit Gatwick à la gare routière London Victoria (à partir de 8 £/aller, 1h20 à 2h).

Taxi En *black cab* avec compteur vers/depuis le centre de Londres, comptez environ 100 £ et un peu plus d'une heure. Les *minicabs* et *ubers* reviennent généralement moins chers.

Aéroport de Stansted

Stansted (STN ; www.stanstedairport.com) est à 56 km au nord-est du centre de Londres. Aéroport international, Stansted dessert une multitude de destinations, principalement européennes, et accueille surtout des compagnies low-cost comme Ryanair.

Train Les trains Stansted Express (www.stanstedexpress.com) relient l'aéroport et la gare de Liverpool St (45 min, toutes les 15 à 30 min, 19,40 £). Ils circulent de 5h30 à 0h30 au départ de l'aéroport et de 3h40 à 23h25 depuis la gare de Liverpool St.

Bus Les bus National Express (www.nationalexpress.com) circulent jour et nuit, avec une centaine de services quotidiens.

- L'Airbus A6 conduit à Westminster (10 £, 1h à 1h30, toutes les 20 min) en passant par Marble Arch, Paddington, Baker St et Golders Green.
- L'Airbus A7 dessert la gare routière de Victoria (10 £, 1h à 1h30, toutes les 20 min), en passant par Waterloo et Southwark.
- L'Airbus A8 conduit à la gare de Liverpool St (à partir de 7 £/aller, 1h à 1h20, toutes les 30 min), via Bethnal Green, Shoreditch High St et Mile End.
- L'Airbus A9 conduit quant à lui à Stratford (7,50 £/aller, 50 min).
- L'Airport Bus Express (à partir de 8 £, 1h20) circule toutes les 30 minutes vers la gare routière de London Victoria, Liverpool Street et Stratford.
- EasyBus (www.easybus.co.uk) propose des liaisons vers les stations de métro Baker St et Old St (2 £, 1h30, toutes les 15 min).
- Les bus Terravision (www.terravision.eu) relient Stansted à la gare ferroviaire de Liverpool St (à partir de 9 £, 55 min), à King's Cross (à partir de 7 £, 1h15) et à la gare routière de Victoria (à partir de 10 £, 2h) toutes les 20 à 40 minutes, de 6h à 1h. Wi-Fi à bord.

Taxi En *black cab* avec compteur vers/depuis le centre de Londres, comptez environ 130 £ et au moins une heure, selon le trafic et votre destination. Les *ubers* et autres *minicabs* sont moins chers.

Aéroport de London City

À 10 km à l'ouest, proche du centre de Londres et du quartier des Docklands, l'aéroport de London City (LCY ; www.londoncityairport.com) accueille avant tout des hommes d'affaires, mais on y croise aussi des vacanciers qui empruntent ses vols desservant 40 destinations en Europe et une demi-douzaine de villes britanniques.

Métro Le Docklands Light Railway (www.tfl.gov.uk/dlr) s'arrête à l'aéroport de London City (zone 3). Les trains partent toutes les 8 à 10 minutes de 5h30 environ à 0h15 du lundi au samedi et de 7h à 23h15 le dimanche. Le trajet jusqu'à Bank dure à peine plus de 20 minutes.

Aéroport de Luton

Le petit aéroport de Luton (LTN ; www.london-luton.co.uk) se trouve à 51 km au nord-ouest de Londres et accueille principalement des vols low cost.

Bus

- La ligne de bus A1 assure plus de 60 liaisons quotidiennes entre l'aéroport de Luton et la gare routière de Victoria, en passant par Portman Sq, Baker St, St John's Wood, Finchley Rd et Golders Green. Le trajet dure entre 1 heure et 1 heure 30.
- Le Green Line Bus 757 fait la liaison toutes les 30 minutes, 24h/24, entre Luton et la gare routière de Victoria, en passant par Marble Arch, Baker Street, Finchley Road et Brent Cross.

Gare St Pancras International

La gare St Pancras International, terminus des trains Eurostar, se trouve sur les lignes de métro Victoria, Piccadilly, Northern, Hammersmith & City, Circle et Metropolitan.

Depuis la France

- Depuis Paris, le plus rapide est d'emprunter le train **Eurostar** (www.eurostar.com) qui relie en 2 heures 30 Paris-Gare du Nord à la gare St Pancras International, en plein cœur de Londres, plusieurs fois par jour. Les tarifs sont très variables (aller-retour à partir de 88 €, réservé 3 mois à l'avance) ; guettez aussi les promotions, fréquentes. Trains directs au départ de Lille également (1 heure 20).
- **Air France** (www.airfrance.fr) et **British Airways** (www. britishairways.com) assurent des prestations et des prix comparables au départ de l'aéroport Paris-Charles-de-Gaulle (6/7 vols/jour) pour l'aéroport de Heathrow. British Airways assure aussi des vols directs depuis la plupart des grandes villes de province. Les prix des deux compagnies se sont alignés sur ceux de la concurrence et présentent aujourd'hui des tarifs intéressants (aller-retour à partir de 190 € le jour J, 69 € 40 jours à l'avance).

Depuis la Belgique

- L'**Eurostar** (www.eurostar.com) relie la gare de Bruxelles Midi à St Pancras International en 2 heures (à partir de 100 € aller-retour) .
- **Brussels Airlines** (www.brusselsairlines.com) opère 2 vols directs par

Compagnies low cost

easyJet (www.easyjet.com). Une liaison Paris-CDG–Londres-Gatwick et Luton (aller-retour à partir de 60 €), ainsi que de nombreuses villes de provinces desservies (Marseille, Bordeaux, Lyon, Nice...) depuis/vers Londres-Gatwick et Luton. Rallie également Genève et Zurich (Gatwick).

Ryanair (www.ryanair.com). Au départ d'un grand nombre de villes de province (Marseille, Toulouse, Nantes, Bordeaux...), à destination de l'aéroport de Stansted.

jour entre Bruxelles et Londres-Heathrow à partir de 80 €.

- **British Airways** (www.britishairways.com) assure 6 vols directs à des tarifs similaires.

Depuis la Suisse

- **Swiss International Airlines** (www.swiss.com) propose des vols directs depuis/vers Genève pour Londres-Heathrow aux alentours de 160 CHF. **British Airways** (www.britishairways.com) relient également Zurich et Genève à Londres (à partir de 100 CHF).

Depuis le Canada

- Les vols directs à destination de Londres et au départ de Toronto, Montréal ou Vancouver (de 6 heures 30 à 9 heures 30 selon la ville de départ) débutent aux alentours de 900 $C avec **British Airways** (www.britishairways.com). **Air Canada** (www.aircanada.com) propose aussi des vols directs à partir de Toronto, de Montréal, de Vancouver et d'Ottawa à partir d'environ 750 $C aller-retour.

Agences en ligne

Vous pouvez réserver votre vol via une agence en ligne ou vous renseigner auprès d'un comparateur de vols :

- www.bourse-des-vols.com
- www.ebookers.fr
- www.expedia.fr
- www.govoyages.com
- www.illicotravel.com
- www.kayak.fr
- www.opodo.fr
- www.partirou.com
- www.skyscanner.fr
- voyages.kelkoo.fr

Pour les trains consultez :

- www.oui.sncf
- www.trainline.fr
- wwweurostar.com

Comment circuler

Métro, DLR et Overground

Les transports londoniens sont pratiques mais chers.

- Le **London Underground** (*The Tube* ; métro doté de 11 lignes de couleurs différentes) fait partie d'un réseau qui comprend aussi le Docklands Light Railway (DLR ; www.tfl.gov.uk/dlr), un train aérien automatique qui dessert l'est de la ville et le réseau Overground (principalement en dehors de la Zone 1 et parfois souterrain).
- C'est dans l'ensemble le moyen le plus rapide et le plus simple de se déplacer en ville. Il revient toujours moins cher de voyager avec une Oyster Card

ou une carte bancaire sans contact (sauf si les transactions vous sont facturées à l'international) qu'en achetant un ticket. Le réseau est gratuit pour les moins de 11 ans.

- Les premiers trains partent vers 5h30 du lundi au samedi, et vers 6h45 le dimanche. Les derniers partent vers 0h30 du lundi au samedi, et vers 23h30 le dimanche.
- Certaines lignes (Victoria et Jubilee, ainsi qu'une grande partie des lignes Piccadilly, Central et Northern) assurent un service de nuit *Night Tube* les vendredi et samedi.
- Londres est divisée en 9 zones tarifaires.

Bus

- Les bus rouges à impériale permettent d'admirer la ville, mais peuvent avancer lentement en cas de forte circulation.
- D'excellents plans à tous les arrêts détaillent les lignes couvrant le secteur où vous vous trouvez.
- L'application City Mapper s'avère très utile pour connaître en temps réel les horaires d'arrivée des bus et planifier ses trajets.
- Les espèces n'ont pas cours dans les bus londoniens. Le paiement se fait au moyen d'une Oyster Card, d'une Travelcard ou d'une carte sans contact. Billet simple : 1,50 £.
- Les lignes fonctionnent de 5h à 23h30.
- Plus de 50 lignes de bus de nuit (précédées de la lettre "N") circulent entre 23h et 5h environ.
- Oxford Circus, Tottenham Court Rd et Trafalgar Sq sont les principaux centres des lignes nocturnes.
- Les moins de 11 ans voyagent gratuitement ; les 11-15 ans bénéficient du demi-tarif s'ils figurent sur l'Oyster Card (enregistrement en Zone 1 ou dans les stations de métro de Heathrow) d'un adulte accompagnateur.

Vélo

- **Santander Cycles** (www.tfl.gov.uk/modes/cycling/santander-cycles) assure une location de vélos très pratique pour les visiteurs.
- Retirez et déposez votre vélo dans l'une des 750 stations réparties dans la capitale.
- Versez 2 £ d'accès pour 24 heures, à régler par carte bancaire à la station de retrait.
- Les 30 premières minutes sont gratuites, après quoi il vous en coûtera 2 £ pour toute tranche de 30 minutes.
- Vous pouvez emprunter un vélo autant de fois que vous le souhaitez durant votre créneau de 24 heures, moyennement un battement de 5 min entre 2 trajets.
- Si la station est pleine, consultez la borne pour connaître les emplacements libres dans les stations.
- Uber propose aussi un système de location de vélos à court terme appelé JUMP (www.jump.com/gb/en).

Taxi

- Les *black cabs* signalent leur disponibilité par une lumière jaune au-dessus du pare-brise.
- Un compteur indique le tarif, avec une prise en charge

Oyster Card ou sans contact ?

L'Oyster Card est une carte à puce sur laquelle on peut stocker du crédit pour des tickets "prépayés", ainsi que des Travelcards (forfaits) valables pour des périodes allant d'un jour à un an. L'Oyster Card est valable sur tout le réseau de transport public londonien.

Il suffit de la passer devant un lecteur (portant un cercle jaune avec l'image d'une Oyster Card) en entrant dans la station et en sortant. La somme correspondante sera déduite de la carte. Dans le bus, il faut le faire en montant à bord. Notez que certaines gares ne sont pas équipées de tourniquet à la sortie, n'oubliez pas de passer la carte devant le lecteur avant de quitter la gare sous peine d'être surfacturé.

Les détenteurs de l'Oyster Card bénéficient de tarifs avantageux. Si vous effectuez de nombreux trajets dans la journée, vous ne paierez jamais plus que la Travelcard correspondante (heures de pointe ou heures creuses) une fois le "prix plafond" quotidien atteint.

- L'Oyster Card s'achète (caution 5 £) et se recharge dans toutes les stations de métro, les centres d'information touristique et les boutiques affichant le logo Oyster. Pour récupérer la caution et le crédit restant, il suffit de restituer l'Oyster Card à un guichet.
- Les cartes bancaires sans contact et les paiements via Apple ou Google Pay peuvent désormais être utilisées directement sur les lecteurs Oyster Card et sont soumises aux mêmes tarifs. L'avantage est qu'il n'est plus nécessaire d'acheter, de recharger puis de restituer l'Oyster Card. Attention toutefois, renseignez-vous auprès de votre banque sur les frais de transactions à l'international.

de 3,20 £ couvrant les 248 premiers mètres en semaine. Au-delà, ajoutez 20 p tous les 124 m.

- Les courses sont plus chères le soir et la nuit.
- Vous pouvez laisser jusqu'à 10% du prix de la course en pourboire au chauffeur, mais la plupart des Londoniens arrondissent simplement à la livre supérieure.
- Avec une application telle que Gett (www.gett.com/uk/city/london), votre téléphone repère par GPS le *black cab* le plus proche.
- ComCab (www.comcab-london.co.uk) gère l'une des plus grandes flottes de *black cabs* de la ville.
- Les services de covoiturage et les *minicabs* sont plus économiques que les *black cabs*, mais il faut obligatoirement les commander par téléphone, en ligne ou via une application.
- Les *minicabs* n'ont pas de compteur ; le tarif est indiqué par l'opérateur. Demandez-le avant le départ.

Voyages et changements climatiques

Tous les moyens de transport fonctionnant à l'énergie fossile génèrent du CO2 – la principale cause du changement climatique induit par l'homme. L'industrie du voyage est aujourd'hui dépendante des avions. Si ceux-ci ne consomment pas nécessairement plus de carburant par kilomètre et par personne que la plupart des voitures, ils parcourent en revanche des distances bien plus grandes et relâchent quantité de particules et de gaz à effet de serre dans les couches supérieures de l'atmosphère. De nombreux sites Internet utilisent des "compteurs de carbone" permettant aux voyageurs de compenser le niveau des gaz à effet de serre dont ils sont responsables par une contribution financière à des projets respectueux de l'environnement. Lonely Planet "compense" les émissions de tout son personnel et de ses auteurs.

- Des applications telles que Kabbee permettent de réserver un *minicab*.

Bateau

- Thames Clippers (www.thamesclippers.com) assure des liaisons fluviales régulières entre Embankment, Waterloo (London Eye), Blackfriars, Bankside (Shakespeare's Globe), London Bridge, Tower Bridge, Canary Wharf, Greenwich, North Greenwich et Woolwich (toutes zones adulte/enfant 8,70/4,35 £), de 6h55 à minuit environ (à partir de 9h29 le week-end). Si vous effectuez plus d'un trajet, mieux vaut acheter le billet "Roamer".
- Westminster Passenger Services Association (www.wpsa.co.uk) affrète d'avril à septembre des bateaux naviguant de Westminster Pier, dans le centre de Londres, à Hampton Court Palace (via Kew et Richmond).

Voiture et moto

- Le coût élevé du stationnement, les embouteillages, le prix de l'essence et le zèle des agents de la circulation découragent en général les visiteurs de louer une voiture.
- Attention à la "taxe d'embouteillage" de 11,50 £/jour dans le centre de Londres. Pour plus de détails, consultez www.tfl.gov.uk/roadusers/congestioncharging.
- L'utilisation du portable au volant, pour téléphoner ou envoyer un sms, est illégale (le kit main libre pour appeler est autorisé).
- La conduite se fait à gauche.
- Le port de la ceinture est obligatoire pour le conducteur et les passagers, tout comme celui du casque à moto.

Infos pratiques

Argent

- Le règlement des achats se fait de plus en plus par carte bancaire, mais quelques adresses continuent de n'accepter que le paiement en espèces (repérez le panneau *cash only*).
- La monnaie du Royaume-Uni est la livre sterling (£). Une livre sterling comprend 100 pence (prononcez "pi", à l'anglaise).
- Il existe des billets de 5 £, 10 £, 20 £ et 50 £, et des pièces de 1 p, 2 p, 5 p, 10 p, 20 p, 50 p, 1 £ et 2 £.

Distributeurs automatiques de billets (DAB)

- On trouve partout des distributeurs de billets acceptant les cartes Visa, MasterCard, Cirrus ou Maestro. Les retraits d'espèces avec une carte étrangère entraînent des frais.
- Certains magasins sont équipés de distributeurs qui prélèvent 1,50 à 2 £ par transaction (un tarif particulièrement prohibitif pour les clients de banques étrangères) : évitez-les. Ils portent la mention *Free cash*.

Cartes bancaires

- Restaurants, bars, boutiques et taxis... les cartes bancaires sont acceptées presque partout.
- Ces cartes sans contact et les systèmes de paiement par smartphone sont de plus en plus répandus dans les boutiques, taxis, bus, métro, trains et autres transports (repérez le symbole semblable à celui du Wi-Fi sur les cartes). Les transactions sont plafonnées à 30 £.

Change

- Les bureaux de poste sont le meilleur endroit où changer de l'argent : ils ne prélèvent aucune commission.
- On peut aussi s'adresser à la plupart des grandes banques, aux chaînes d'agences de voyages et aux nombreux agents de change de la ville.

Pourboire

- Au restaurant, le service est souvent inclus d'office dans l'addition.
- Dans le cas contraire, il est d'usage de laisser un pourboire de 10% (sauf si vous n'êtes pas satisfait).
- Inutile de laisser un pourboire quand on prend un verre dans un pub.

Cartes de réduction

Rentable pour ceux qui veulent visiter un maximum de sites en peu de temps, le London Pass (www.londonpass.com ; 1/2/3/6/10 jours 75/99/125/169/199 £) est un forfait coupe-file pour la plupart des grandes attractions. Détails sur le site Internet.

Ce forfait peut comprendre l'accès au réseau de métro et de bus.

Cigarette

- Il est interdit de fumer dans les espaces publiques clos.
- Les pubs disposent parfois d'espaces fumeurs à l'extérieur,

Pas d'impairs

Bien que les Londoniens soient assez informels dans leurs relations au quotidien, ils n'en observent pas moins quelques règles de courtoisie et de savoir-vivre.

Étrangers À moins de demander leur chemin, les Britanniques n'engagent pas la conversation avec des inconnus aux arrêts de bus et sur les quais du métro. Ils accordent toutefois davantage de latitude aux étrangers en la matière.

Files d'attente Les Britanniques ne tolèrent pas les resquilleurs. Toute tentative de passer devant les autres dans une queue se traduira par des protestations.

Métro Dans les escalators du métro, tenez-vous à droite et doublez à gauche.

Marchandage Il est possible de négocier le prix des marchandises (sauf la nourriture) sur les marchés, mais pas dans les magasins.

Ponctualité Arriver avec plus de 10 minutes de retard pour boire un verre ou dîner est considéré comme impoli. En cas de contretemps, prévenez ceux qui vous attendent.

Excuses Les Britanniques adorent s'excuser. Si vous bousculez quelqu'un dans le métro, dites *sorry*. Il se peut même que la personne s'excuse à son tour sans motif.

le plus souvent sur le trottoir.

- Nombre d'endroits, en particulier les transports publics, n'autorisent pas le vapotage.

Désagréments et dangers

Londres est une ville plutôt sûre, il suffit de faire preuve de bon sens.

Électricité

Type G
230 V/50 Hz

Formalités et visas

Depuis le 1er octobre 2021, les ressortissants de l'Union européenne et de la Suisse ne peuvent plus se rendre outre-Manche avec une simple carte nationale d'identité. Un passeport en cours de validité est obligatoire pendant toute la durée du séjour. Pour un voyage touristique de courte durée, ils sont toutefois exemptés de visa. Les Canadiens peuvent séjourner jusqu'à six mois sans visa mais doivent présenter un passeport en cours de validité

Handicapés

- Londres réserve des expériences mitigées aux voyageurs handicapés. Les hôtels récents et les sites touristiques modernes sont accessibles aux personnes en fauteuil roulant, conformément à la loi. En revanche, beaucoup de demeures historiques, de B&B et de pensions occupent de vieux immeubles qu'il serait difficile ou extrêmement coûteux d'aménager.
- Environ un quart des stations de métro, la moitié des stations en plein air, la plupart des embarcadères et toutes les stations de tramway, de l'Emirates Air Line (télécabine) et du DLR sont accessibles aux personnes en fauteuil roulant.
- Les bus disposent de planchers surbaissés et les personnes en fauteuil roulant voyagent gratuitement. Tous les *black cabs* sont accessibles en fauteuil ; cependant, l'espace étant restreint, la hauteur est parfois insuffisante pour les fauteuils électriques.
- Les chiens d'aveugle sont acceptés dans les transports publics et les hôtels, cafés, restaurants, sites, etc.
- Les trottoirs sont généralement praticables.
- Les passages piétons sont relativement nombreux et bien placés, et les passages surbaissés assez répandus pour ne pas vous mettre en difficulté.
- L'**APF France handicap** (☎01 40 78 69 00 ; www.apf-francehandicap.org ; 17 bd Auguste-Blanqui, 75013 Paris) peut fournir des informations utiles sur les voyages accessibles. **Yanous** (www.yanous.com), **Hizy** (hizy.org), **Handicap.fr** (www.handicap.fr) et **Tourisme et handicaps** (www.tourisme-handicaps.org) constituent également de bonnes sources d'information.
- Désormais, les principales plate-formes d'hébergement que sont **Abritel** (www.abritel.fr), **Airbnb** (www.airbnb.fr), **Booking** (www.booking.com) et **Hotels.com** (fr.hotels.com) ont intégré des critères d'accessibilité à leur moteur de recherche. **Mobee Travel** (www.mobeetravel.com) est une startup qui regroupe des hébergements accessibles et qui propose aussi des séjours sur mesure. Les agences de voyages **Yoola** (www.yoola.fr) et **Comptoir des voyages** (www.comptoirdesvoyageurs.fr) organisent des voyages adaptés aux personnes à mobilité réduite.

Heures d'ouverture

- Banques 9h-17h lun-ven
- Lieux touristiques 10h-18h
- Magasins 9h-19h lun-sam, 12h-18h dim
- Poste 9h-17h30 lun-ven et 9h-12h sam
- Pubs et bars 11h-23h (beaucoup ferment plus tard)
- Restaurants 12h-14h30 et 18h-23h

Jours fériés

- La plupart des sites et des commerces ferment deux jours à Noël et parfois à Pâques. Les endroits habituellement fermés le dimanche le sont souvent aussi les lundis fériés (*bank holiday Mondays*).
- Les transports publics ne fonctionnent pas le jour de Noël (réservez un taxi).
- Nouvel An 1er janvier
- Vendredi saint Fin mars/avril
- Lundi de Pâques Fin mars/avril
- May Day Holiday Premier lundi de mai
- Spring Bank Holiday Dernier lundi de mai
- Summer Bank Holiday Dernier lundi d'août
- Noël 25 décembre
- Boxing Day 26 décembre

Offices du tourisme

- **Visit London** (www.visitlondon.com) peut vous renseigner sur tout : sites, événements, visites, hébergements, etc. Les kiosques disséminés dans la ville fournissent plans et brochures ; certains peuvent réserver des places de théâtre.
- **Heathrow Airport Tourist Information Centre** (www.visitlondon.com/tag/tourist-information-centre ; hall des stations de métro des terminaux 1, 2 et 3 ; 7h30-20h30). Renseignements sur le transport, les visites, l'hébergement, etc. Vend Oyster Cards, Travelcards et forfaits de bus.
- Il existe d'autres antennes de Visit London dans les gares de King's Cross St Pancras, de Liverpool Street et de Victoria.

Téléphone

- Les rares téléphones publics acceptent les pièces et les cartes bancaires.
- Les célèbres cabines téléphoniques rouges de British Telecom subsistent uniquement dans les zones classées (notamment Westminster).

Appeler Londres

- L'indicatif de Londres est le ☎020. Il est suivi d'un numéro à huit chiffres commençant par 7 (centre de Londres), par 8 (agglomération de Londres) ou par 3 (non géographique). Composez le ☎020 uniquement si vous appelez Londres depuis un autre endroit au Royaume-Uni ou depuis un téléphone portable.
- Pour appeler Londres depuis l'étranger, composez le code d'accès international de votre pays, puis le 44 (indicatif du Royaume-Uni), puis le 20 (sans le 0 initial de l'indicatif), suivi du numéro à 8 chiffres du fixe.

Appels internationaux

- Les cartes téléphoniques internationales (généralement 5, 10 ou 20 £) à code PIN existent toujours pour appeler l'étranger depuis une ligne fixe ou un téléphone public.
- Autrement, tout le monde utilise des services "Voice over IP" comme Skype, Whatsapp et FaceTime.

Téléphones portables

- Malgré la sortie du Royaume-Uni de L'UE, les principaux opérateurs français ne devraient pas appliquer de frais d'itinérance pour les appels passés depuis Londres vers la France ou un autre pays de l'Union européenne. Mieux vaut cependant se renseigner auprès de son opérateur avant de partir pour éviter les mauvaises surprises
- En général, il est préférable d'acheter une carte SIM locale dans une boutique de téléphonie mobile, mais pensez au préalable à débloquer votre téléphone, qui doit être compatible.

Numéros utiles

- Police, pompiers, ambulances (appel urgent) ☎ 999
- Police (appel non urgent) ☎ 101
- Indicatif de Londres ☎ 020

Langue

Tout le monde peut parler une langue étrangère, le tout est d'oser. La grammaire, au final, n'est pas essentielle pour se débrouiller sur place. Pour réserver une chambre, commander un plat ou simplement engager la conversation, voici quelques phrases basiques qui vous aideront à vous exprimer en toutes circonstances !

Expressions courantes

Bonjour/salut.
Hello/Hi. hè·lo/haï

Au revoir.
Goodbye. goud·*baï*

Excuse(z)-moi.
Excuse me. ek·*skyouz* mi

Désolé(e).
Sorry. *so*·ri

S'il vous (te) plaît.
Please. pliiz

Merci.
Thank you. *Sank* you

Oui./Non.
Yes./No. yès/neo

Parlez-vous français ?
Do you speak French? dou you spik *frènn*·ch

Je ne comprends pas.
I don't understand. aï dont eunn·deur·*stand*

Comment allez-vous/vas-tu ?
How are you? *hao* âr you

Bien. Et vous/toi ?
Fine. And you? faïnn annd *you*

Au restaurant

Je suis végétarien(ne).
I'm vegetarian. aïm vèdjè·*teu*·rieunn

Santé !
Cheers! *tchiirz*

C'était délicieux !
That was delicious! zat woz dè·*li*·cheus

L'addition s'il vous plaît.
The bill, please. zeu bil pliiz

Je voudrais..., s'il vous plaît.
I'd like ..., please. aïd *laïk* ...pliiz

une table pour (deux)	*a table for (two)*	eu *téï*·beul for (tou)
ce plat	*that dish*	zat *dich*
la carte des vins	*the wine list*	zeu *waïnn* liste

Shopping

Je cherche...
I'm looking for ... aïm *lou*·kiinng for ...

Combien est-ce que ça coûte ?
How much is it? *hao* meutch iz it

C'est trop cher.
That's too expensive. zats *tou* èx·*pènn*·siv

Pouvez-vous baisser le prix ?
Can you lower the price? kann you lao·wèr zeu *praïs*

Urgences

Au secours !
Help! hèlp

Appelez un médecin !
Call a doctor! kôl eu *dok*·teur

Appelez la police !
Call the police!
kôl zeu po·*liis*

Je suis perdu(e).
I'm lost. aïm lost

Je suis malade.
I'm sick. aïm sik

Où sont les toilettes ?
Where's the bathroom?
wèrz zeu *bass*·roum

Heure et chiffres

Quelle heure est-il ?
What time is it?
wat *taïm* iz it

Il est (1/13) heure(s).
It's (one am/pm)
its (wann èï·èm/pi·èm)
o'clock. ok·*lok*

matin
morning *mor*·ninng

après-midi
afternoon af·teur·*noun*

soir
evening *iv*·ninng

hier
yesterday *yès*·teu·dèï

aujourd'hui
today tou·*dèï*

demain
tomorrow tou·*mo*·ro

1	*one*	wann
2	*two*	tou
3	*three*	srii
4	*four*	fôr
5	*five*	faïv
6	*six*	six
7	*seven*	*sè*·veunn
8	*eight*	eït
9	*nine*	naïnn
10	*ten*	tèn

POUR ALLER PLUS LOIN

Indispensable pour mieux communiquer sur place : le *Guide de conversation Anglais* de Lonely Planet. Pour réserver une chambre, lire un menu ou simplement faire connaissance, ce manuel permet d'acquérir des rudiments d'anglais. Inclus : un minidictionnaire bilingue.

Transports et orientation

Où est...?
Where's ...? wèrz ...

Quelle est l'adresse ?
What's the adress?
wats zi a·*drès*

Pouvez-vous me montrer (sur la carte) ?
Can you show me (on the map)?
kann you *chô* mi (onn zeu *map*)

Un billet pour..., s'il vous plaît.
One ticket for ... please.
wann *ti*·kèt for ... pliiz

À quelle heure part le bus/le train ?
What time does the bus/train leave?
wat *taïm* daz zeu beus/tréïn liiv

Je voudrais un taxi.
I'd like a taxi.
aïd laïk eu *tak*·si

Ce taxi est-il libre ?
Is this taxi free?
iz zis *tak*·si frii

Arrêtez-vous ici, s'il vous plaît.
Please stop here.
pliiz stop hiir

Hébergement

Où puis-je trouver un hôtel ?
Where's a hotel?
wèrz eu ho·tèl

Je voudrais réserver une chambre.
I'd like to book a room.
aïd laïk tou bouk eu *roum*

J'ai une réservation.
I have a reservation.
aï hav eu rè·zèr·*véï*·cheunn

En coulisses

Vos réactions ?

Vos commentaires nous sont très précieux pour améliorer nos guides. Notre équipe lit vos lettres avec la plus grande attention et prend en compte vos remarques pour les prochaines mises à jour. Pour nous faire part de vos réactions, prendre connaissance de notre catalogue et vous abonner à notre newsletter, consultez notre site Internet : **www.lonelyplanet.fr**

Nous reprenons parfois des extraits de notre courrier pour les publier dans nos guides ou sites Web. Si vous ne souhaitez pas que vos commentaires soient repris ou que votre nom apparaisse, merci de nous le préciser. Notre politique en matière de confidentialité est disponible sur notre site Internet.

Nos lecteurs

Un grand merci à ceux qui ont utilisé la précédente édition de ce guide et ont pris la peine de nous écrire pour nous communiquer informations, commentaires et anecdotes.

Un mot des auteurs

Steve

Mille mercis à mes coauteurs à Londres, en particulier à Damian Harper et à Kevin Bond. Je suis très reconnaissante à David Thompson, Diane Burstein Lynch, Sarah Ciacci et Pepe Martinez, les guides agréés *Blue Badge* qui ont corrigé mes erreurs et omissions. Comme toujours, j'aimerais exprimer ma gratitude et mon amour à mon mari, Michael Rothschild, aussi bon londonien que moi.

À propos de cet ouvrage

Cette 7e édition de *Londres en quelques jours* est une traduction-adaptation de *Pocket London* (7th edition) écrit par Steve Fallon, Damian Harper, Lauren Keith, MaSovaida Morgan et Tasmin Waby. Les deux éditions précédentes avaient également été rédigées par Steve Fallon et Damian Harper, ainsi que Peter Dragicevich et Emilie Filou.

Traduction Frédérique Hélion-Guerrini

Direction éditoriale Didier Férat

Responsable éditorial Dominique Bovet

Responsable prépresse Jean-Noel Doan

Coordination éditoriale Sophie Senart

Cartographie Eduardo Yanes Blanch

Maquette Christian Deloye

Couverture Laurent Briard

Merci à Agnès Poujol pour sa relecture très attentive des épreuves et à Basile Mariton pour sa préparation du texte.

Damian

Je remercie tous ceux qui m'ont apporté leur aide et communiqué leurs tuyaux, dont mes coauteurs, le personnel toujours serviable du Natural History Museum, Amaya Wang, Polly Bussell, Freya Barry, Tania Patel, Norman MacDonald, Penny Aikens, Bill Moran, Hollie et l'excellente équipe de Japan House, Shannon et James Peake. Un grand merci également à Tim Harper pour ses conseils, ainsi qu'à Emma Harper.

Lauren

Merci à Megan pour les pintes, les paroles d'encouragement et les conseils d'expert sur *Souf* London ; à GG, toujours prêt à partager un repas ; à Tasmin et MaSovaida pour leur éternel soutien ; à Thomas qui a toujours dit "oui" au rooftop du dimanche soir ; à Sandie qui m'a permis de pousser plus loin mes investigations ; et à mon cœur qui m'a conduit dans cette belle ville il y a dix ans.

MaSovaida

Un grand merci à toutes les belles âmes qui ont rendu cette mission joyeuse. Mon affection et ma gratitude vont en particulier à James Thorpe, Osi et Mat ; Anna Castelaz, Travis Levius, Shirin Beheshti ; Nazanin Shahnavaz, Austin Milne, Rosaline Shahnavaz, Maman Simin et Baba Reza ; Ali Lemer, Jo et Al ; Megan Eaves, Dan, Angus ; Mike, Debbie et B ; Max et Ro ; et Russ. J'embrasse fort Tasmin et Lauren, pour leur soutien et leurs interventions pertinentes lors de nos conversations sur WhatsApp. Enfin, je remercie sincèrement Sandie de m'avoir permis de retourner, une fois de plus, dans cette ville qui m'est chère.

Tasmin

Je tiens d'abord à remercier Sandie pour cette opportunité qu'elle m'a offerte et la super équipe de Lonely Planet qui l'a rendue possible. Un grand merci à mes coauteurs pour leurs conseils et réactions, en particulier à Lauren qui m'a permis de conserver mon calme et à MaSovaida qui m'a tenu compagnie. Merci à ceux qui m'ont toujours donné un coup de main à Londres (ils se reconnaîtront, n'est-ce pas Dane ?), arrondissant les angles de cette capitale chaotique. Je salue aussi mes deux formidables petites *ladies*, Willa et Maisie (et leur courageuse copine Rosa), qui m'ont accompagnée dans certaines de mes sorties en quête des meilleures adresses. Et merci à Hugh pour... tout.

Crédits photographiques

Index

Voir aussi les index :
Se restaurer p. 224
Prendre un verre p. 225
Sortir p. 226
Shopping p. 226

Références des **sites**
Références des **plans**

Références des **sites**
Références des **plans**

Se restaurer

Sortir

Shopping

Lauren Keith

St Paul's et la City ; Tate Modern et South Bank Journaliste et auteur, Lauren a vécu dans la capitale britannique pendant près de dix ans avant de vendre, en 2019, tout ce qu'elle possédait pour jouer les nomades numériques à travers le monde. Avant de prendre la route, elle a travaillé dans les bureaux de Lonely Planet à Londres comme éditrice Moyen-Orient et Afrique du Nord.

MaSovaida Morgan

Shoreditch et l'East End Journaliste de voyage, MaSovaida a parcouru quelque 55 pays sur les sept continents. Comme auteur pour Lonely Planet, elle a contribué à des guides sur des pays d'Asie du Sud-Est, du Moyen-Orient, d'Europe et des Amériques. Auparavant, elle a été rédactrice pour des journaux et des ONG. En 2012, une bourse du programme Fullbright lui a permis d'étudier l'édition et les médias numériques à l'University of the Arts London. Suivez-la sur Instagram @MaSovaida.

Tasmin Waby

Westminster Abbey et Westminster ; National Gallery et Covent Garden ; British Museum et Bloomsbury Née à Londres de parents néo-zélandais, Tasmin a grandi en Australie. Elle partage désormais son temps entre la capitale britannique et Melbourne. Quand elle n'écrit pas sur les sujets qui la passionnent – la cuisine, le développement durable, les voyages et la culture –, elle adore partir à la découverte de nouvelles destinations. En dehors de ses missions, elle vit sur une péniche, élève deux enfants et s'occupe d'un gros chat russe appelé Millie. Tasmin est aussi l'auteur du *Carnet pratique*.

Nos auteurs

Steve Fallon

Regent's Park et Camden Après 20 ans passés dans East London, Steve parle cockney, mange de la gelée d'anguilles au petit-déjeuner et boit beaucoup de *lager*. Pour cette édition, il a, comme à son habitude, fait des balades, visité des sites, prospecté des hôtels et restaurants, et glané quelques conseils auprès de ses amis, de ses collègues et des chauffeurs de taxi. Steve est guide professionnel *Blue Badge* à Londres.

Damian Harper

Musées de Kensington Depuis plus de 20 ans qu'il écrit pour Lonely Planet, Damian a participé à des titres aussi divers que *Chine, Irlande, Majorque, Hong Kong* et *Grande-Bretagne*. Auteur de guides aguerri, il a également commis de nombreux articles pour des journaux et magazines, dont le *Guardian* et le *Daily Telegraph*. Il réside en Angleterre, dans le Surrey, où il s'initie à la trompette, collectionne des premières éditions, pratique la photo et le taekwondo. Retrouvez-le sur Instagram (damian.harper). Damien a également rédigé le chapitre *Préparer son séjour*.

AUTEURS
(suite)

Londres en quelques jours
7re édition
Traduit et adapté de l'ouvrage *Pocket London, 7th edition, February 2022*

92 avenue de France - 75013 Paris

Dépôt légal Février 2022
ISBN 978-2-81619-277-3

Imprimé par L.E.G.O. Spa (Legatoria Editoriale Giovanni Olivotto), Italie

En Voyage Éditions | un département édi8